电力营销业务
精益化风险管控问答手册

广东电网有限责任公司东莞供电局

李飞伟　王鑫根　主编

U0840133

内 容 提 要

伴随电力体制改革的进一步深入，供电企业在市场经济中的服务主体地位越来越明确，要积极促进营销服务工作规范化和制度化，开展电力营销稽查精益化管理。为推动营销管理向精益化方向转变，提升营销稽查业务的标准化和专业化水平，广东电网有限责任公司东莞供电局营销稽查中心组织编制了本书，旨在将精益化管理思想导入到营销稽查工作中，指导稽查人员规范开展工作，提升营销业务稽查工作的效率和质量。

本书通过问答的方式，对如何通过建设营销业务精益化风险管理体系，开展精益化营销业务风险管理工作进行详细介绍。主要内容包括体系建设的意义、建设的内容、体系的实施要求及精益化风险管理工具等，同时，针对抄核收、业扩管理、客户服务、用电检查、计量管理、线损管理、停电管理七个专业，结合营销业务实际，梳理各专业作业标准、稽查途径，并讲述各专业稽查工作的关键点。

本书可作为供电企业营销稽查工作人员的培训、学习材料及工作用书，也可为其他专业技术人员了解、研究电力营销稽查业务提供参考。

图书在版编目（CIP）数据

电力营销业务精益化风险管控问答手册/李飞伟，王鑫根主编. —北京：中国电力出版社，2018.6

ISBN 978-7-5198-1690-2

Ⅰ.①电…　Ⅱ.①李…②王…　Ⅲ.①电力工业—市场营销学—稽查—风险管理—中国—问题解答 Ⅳ.①F426.61—44

中国版本图书馆 CIP 数据核字（2018）第 094708 号

出版发行：中国电力出版社
地　　址：北京市东城区北京站西街 19 号（邮政编码 100005）
网　　址：http://www.cepp.sgcc.com.cn
责任编辑：马　青（010-63412784）
责任校对：闫秀英
装帧设计：王英磊　赵姗姗
责任印制：邹树群

印　　刷：三河市百盛印装有限公司
版　　次：2018 年 6 月第一版
印　　次：2018 年 6 月北京第一次印刷
开　　本：700 毫米×1000 毫米　16 开本
印　　张：9
字　　数：137 千字
印　　数：0001—1500 册
定　　价：37.00 元

本书编委会

主　　编　李飞伟　王鑫根

副 主 编　钟立华　杨悦群　张文冰

编写人员　殷俊杰　陈乐培　陈妙玲　杜文娟

叶劲龙　袁志聪　魏建荣　谢树和

言　宇　谢卫锋　刘雪敏　卢嘉恩

温　勋　尹浩扬　叶志成

前 言

伴随电力体制改革的进一步深入，供电企业在市场经济中的服务主体地位越来越明确，要更勇于承担社会责任，积极促进营销服务工作规范化和制度化，开展电力营销稽查精益化管理。为推动营销管理向精益化方向转变，提升营销稽查业务的标准化和专业化水平，本书编写人员编制了《电力营销业务精益化风险管控问答手册》，旨在将精益化管理思想导入到营销稽查工作中，指导稽查人员规范开展工作，提升营销业务稽查工作的效率和质量。本书可作为供电企业营销稽查工作人员的培训、学习材料及工作用书，也可为其他专业技术人员了解、研究电力营销稽查业务提供参考。

本书通过问答的方式，对如何通过建设稽查风险体系，开展精益化营销业务风险管理工作进行了详细介绍。主要内容包括体系建设的意义、建设的内容、体系的实施要求及精益化风险管理工具等，为各供电企业开展精益化营销业务风险管理工作提供借鉴和参考。同时，针对抄核收、业扩管理、客户服务、用电检查、计量管理、线损管理、停电管理七个专业，结合营销业务实际，梳理各专业作业标准、稽查途径，并讲述各专业稽查工作的关键点。

本书在编写过程中得到了编写人员单位的大力支持，参考了很多相关资料和供电企业有关文件，在此一并表示衷心感谢。

由于编写水平有限，疏漏之处在所难免，恳请各位读者提出宝贵意见。

编 者

2018 年 2 月

目　录

第1章

概　　述

1 电力营销稽查工作的概念是什么?

电力营销稽查是指依据国家有关政策、法律、法规和供电企业相关规章制度，对供电企业营销制度建设与执行、营销行为规范和营销工作质量等进行内部专业监督检查。

2 营销稽查中心的职责是什么?

营销稽查中心是营销与服务工作的质量监督机构，是电力营销稽查开展的执行部门，作为营销与服务工作的“内部审计”机构，受同级市场营销部的归口管理，受上级稽查管理部门的专业指导，对营销业务与服务工作开展内稽外查，以内稽为主，对其他部门涉及的服务工作进行跟踪、分析。

3 营销稽查中心的工作内容包括哪些?

营销稽查中心负责在线稽查监控，按工作计划或稽查方案开展稽查，按规定配合开展营销事故（差错）调查和营销工作质量评估工作，开展线损异常管理，对客户举报或市场部授权查处的窃电案件进行延伸检查，并跟踪案件的处理。营销稽查中心的具体工作内容包括：

（1）常态开展在线稽查，通过在线稽查发现异常，及时通知相关单位进行核查、整改。

（2）按年制订现场稽查计划、季度调整、月度实施的方式组织开展常态稽查。对营销稽查过程中发现的问题，出具《电力营销稽查整改通知单》，被稽查单位收到《电力营销稽查整改通知单》后应限时进行整改，并将整改情况反馈。

（3）根据上级要求、在线稽查和现场稽查发现的薄弱环节不定期组织开展专项稽查。

（4）开展线损异常监测工作，对线损资料及线损四分工作开展情况进行稽查，对管理线损涉及的计量、抄核收等营销服务环节工作质量进行稽查。

(5) 营销稽查中心作为本单位营销服务质量评价工作的实施部门，负责贯彻落实上级单位评价工作有关制度和要求，并根据稽查结果，对营销业务单位营销服务工作质量过程进行评价，定期将评价结果报送市场营销部。

(6) 参与营销事故（差错）问责的调查处理，向市场营销部提出问责处理意见；参与审核各县区局提交的问责处理意见；监督本级及各县区供电局问责决定的具体执行。

(7) 对违约用电和窃电现场查处情况进行稽查，规范对违约用电和窃电现场查处的程序、方法；为用电检查人员提供反窃电技术支持，加强对用电检查人员和相关人员的教育培训，提高窃电处理的业务技能。

(8) 对稽查发现问题的整改情况实施有效追踪，督促相关部门进行整改落实，并就整改效果、营销服务工作质量变化趋势进行系统分析，作为下一评价周期制订评价计划的基础。

4 营销稽查作业人员的资质要求有哪些?

(1) 执行国家和上级部门颁发的法规、规程、规定、制度、办法等。

(2) 应具备高度的责任感和敬业精神。

(3) 要求熟悉国家和上级部门用电方针政策和有关规定，熟悉本单位各项规章制度。

(4) 应熟悉营业工作的基本知识和工作程序，了解相关单位工作内容和工作流程。

(5) 具备一定的专业技能，有一定的协调与沟通能力。

(6) 坚持原则、遵纪守法、秉公执法、廉洁奉公。

(7) 熟悉电力法律法规、电力营销有关规章制度及其他相关法律法规知识。

(8) 熟悉电力营销业务，具有一定的电气技术知识、财务知识。

5 电力营销稽查精益化风险管理体系建设的意义有哪些？

供电企业通过开展营销稽查精益化风险管理体系（以下简称稽查风险体系）建设，主要有以下意义：

（1）规范电力营销管理，提高电力营销、服务工作质量和水平，进一步健全和完善自我约束机制，促进电力营销工作业务流程化、作业标准化、服务规范化、管理精细化和体系信息化，维护供用电秩序，保障供用电双方的合法权益。

（2）规范营销稽查工作，构建以常态、在线稽查为主、专项稽查为辅的工作机制，促进营销稽查例行工作与营销责任事故稽查相结合。

（3）规范营销稽查行为，促进营销稽查工作的有序开展，充分发挥营销稽查工作的控制、预防和服务功能。

（4）促进营销管理规范化，加强对营销各环节工作业绩、工作质量、服务质量的监督检查，建立营销系统内部责任追究制度和内部监控制度，减少工作差错，提高经营管理水平和经济效益。

第2章

稽查风险体系

1 稽查风险体系的建设背景和意义是什么?

营销风险管理一直是供电企业管理的重点内容之一。近年来，各供电企业均不断加强营销业务风险管控，大多数供电企业已经初步建立了营销业务风险管理模式，风险管控取得一定成效，营销业务人员及管理人员的风险管理意识显著提升。但由于目前供电企业营销业务未有自上而下固化成型的风险管控体系，加之营销业务受外部因素、人为因素影响较大，业务管理流程与细节复杂，营销业务风险管理缺乏系统规划，导致风险管控部分执行过程精益性、规范性不足，整个体系的运转情况有待提升。

因此，建立稽查风险体系是适应电力市场改革的趋势，以便更好地监控营销服务质量，为客户提供优质供电服务；是向“精益管控”阶段发展的需要，在风险管理的精益管控阶段，要形成较完善的风险管理制度体系，并实现风险的量化管理；是系统化、精益化、规范化开展营销稽查业务管理工作的需要。目前，各供电企业营销风险管理模式或体系的系统化、精益化和规范化均有待进一步提升。

2 稽查风险体系的建设思路是什么?

借助企业内部控制与风险管理的成熟的理论工具，融入精益化管理思想，对营销业务的各个管控环节进行全面梳理，搜集、整理营销环节的各个风险点，在此基础上，对照、结合营销业务管控的具体流程、关键控制点，从管理内容、要求及方法方面提出规范管理要求，从而构建出全面、系统且针对性强的稽查风险体系。体系建设思路框架如图 2 - 1 所示。

稽查风险体系建设共分为五个层级：

(1) 以营销风险管理理念与目标为核心开展稽查风险体系建设。

紧密结合营销稽查中心的职责，建立全面系统的营销风险管控体系，通过对营销风险的全面梳理和评估，提升稽查管理的针对性与有效性，实现营销稽查管控阶段由“事中监控、事后惩处”到“事前预控”，对电力营

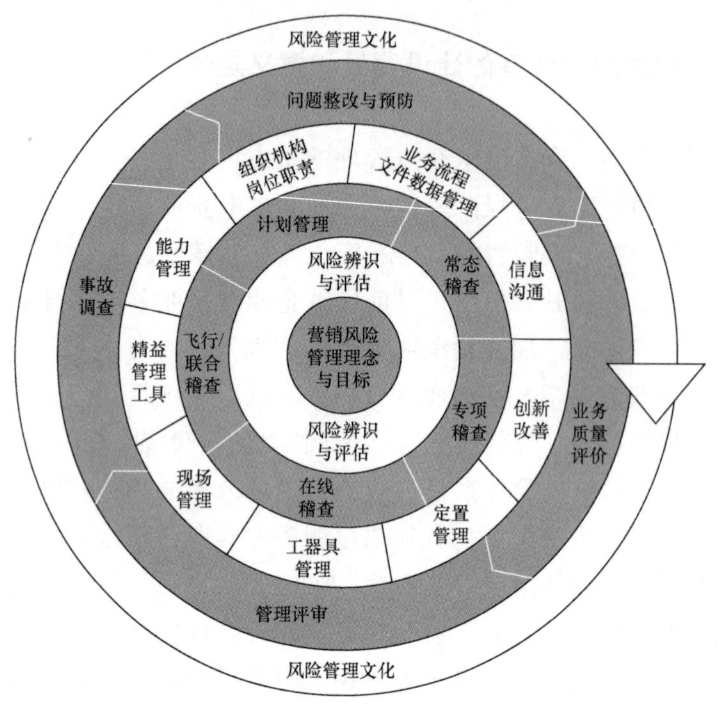

图 2-1　稽查风险体系建设思路框架

销服务环节进行全面质量监控，营造规范公平的营销环境。

（2）通过风险辨识与评估，明确风险管控对象及重点。

通过风险识别、风险评估、风险管控、风险回顾四个环节，全面识别各业务环节存在的风险维护数据，并通过风险评估模型，对风险发生的可能性以及损失导致的后果进行量化风险评级，从而锁定营销业务风险管控的对象和重点。

（3）基于风险评估结果，有计划、有重点、全方位地开展稽查工作。

基于风险评估的结果编制稽查工作计划，综合运用常态、专项、在线、飞行（或联合）等稽查方式，确保稽查工作全面覆盖各业务环节，同时对关键风险管控对象开展针对性稽查，确保将有限的稽查资源投入到最关键的业务风险管控中。

（4）健全保障机制，确保稽查风险体系的顺利运行。

建立健全组织机构与岗位职责、业务管理流程、沟通机制、创新机制和人才培养机制，同时运用精益化管理的思想与工具，开展定置管理、工器具管理和现场管理，减少浪费，提高效率，确保稽查风险体系的顺利运行。

（5）通过回顾与评审，实现对风险监控的闭环管理及持续改善。

体系的运行成效需要监控系统进行控制。通过事故调查、问题整改与预防、业务质量评价，以及管理评审等跟进、改善与评审机制，一方面，实现持续对风险管控的闭环管理，另一方面也对体系本身进行检查、监督及回顾，及时发现问题，持续闭环完善。

（6）培育风险管理文化，实现全员参与的风险管控格局。

通过培训、宣贯、交流、分享等形式，一方面营造全员参与的风险管理文化氛围，建立风险管理行为准则，有效引导员工参与营销业务风险防范；另一方面，持续推广风险管控体系管理要求，不断提高全员风险管理的技能水平，做到事先能够预判到风险，有意识地规避风险，从而最大程度地降低风险。

3 稽查风险体系包括哪些建设部分？

稽查风险体系由 8 个管理单元、25 个管理要素组成。

8 个管理单元包括：组织管理、危害辨识及风险评估、精益稽查管理、营销事故调查、作业现场及工具管理、文化管理、能力管理、整改与改进，如图 2-2 所示。

8 个管理单元明确了业务管理的范围，25 个要素规范定义具体管理的工作内容，管理节点指出要素的管理关键点/流程节点，子标准则是各个流程节点的工作要求或方法。

（1）组织管理单元的建设内容包括哪些？

本单元体现了供电企业营销风险管理的宗旨，提出了持续降低营销风险的承诺，提供了营销风险管理的方向。

组织管理单元有 5 个要素：理念与目标、组织机构与岗位职责、营销业务流程与文件数据管理、营销信息沟通、营销创新改善。

1）如何建设“理念与目标”要素？

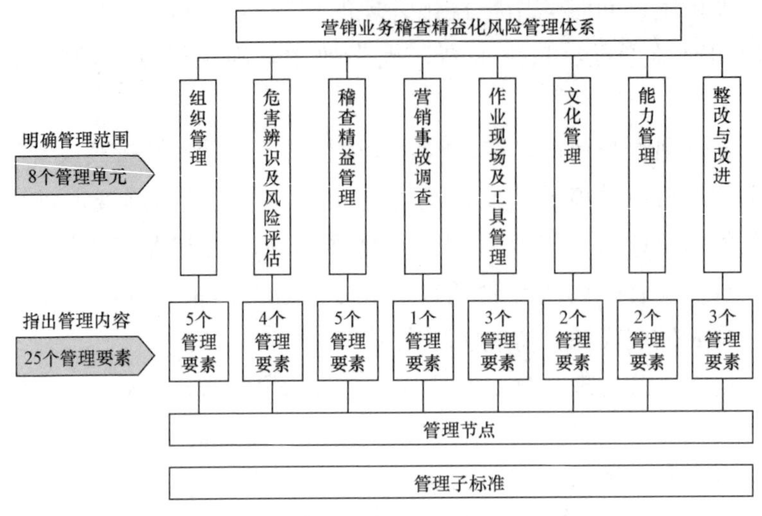

图 2-2　稽查风险体系

a. “理念与目标”要素的建设要求是什么?

通过识别国家法律法规以及上级单位管理要求，把握专业管理、客户、员工等相关方需求，提出营销业务稽查精益化风险管理理念，为营销业务风险管理指明方向。同时，必须明确营销风险管理的宗旨和方向，制订营销风险管理目标，对持续降低营销业务风险进行承诺。

b. 建设“理念与目标”要素的职责分工是怎样的?

(a) 市场营销部、营销稽查中心负责组织建立精益风险管理理念，理念应体现：对营销风险的事前监控、营销任务的执行主体是营销风险的直接责任人、南网总纲、十三五规划的相关要求、应用精益化管控要求、对营销风险的持续改进。

(b) 市场营销部、营销稽查中心应基于营销精益风险管理理念，制订精益风险管控目标。目标应体现：营销精益化风险管控理念，国家和各级政府最新发布的电力营销法律、法规、地方性法规，供电企业营销管理文件、标准及要求、计划具备逐年系统性分解落实要求、专业管理特点。

(c) 营销稽查中心应向员工、客户等相关方及时传达营销风险管理的理念与目标。

2) 如何建设“组织机构与岗位职责”要素?

a.“组织机构与岗位职责”要素的建设要求是什么？

通过明确各级人员的营销风险管理的责任、权限与义务、应做什么工作、履职到位标准，预防风险事故，减少损失。

b. 建设“组织机构与岗位职责”要素的职责分工是怎样的？

（a）市场营销部、营销稽查中心负责组织开展地市供电局的营销风险管控工作，协调营销业务管控单位将风险控制措施融入日常工作中，形成日常业务规范。

（b）成立营销风险管理机构，人员构成包括：具备营销稽查资质人员、各营销业务风险管控专家库成员。

（c）营销风险管理机构职责包括：对营销风险控制策略、计划及相关文件进行修编、审核、论证、指导；组织或参与专项稽查、事故调查等工作；就营销风险管理、营销稽查工作提出意见与建议。

（d）营销稽查中心应将风险控制措施融入到业务监控、营销稽查、质量评价等相关岗位的岗位职责中，相关岗位的工作人员应清楚理解并履行新的岗位职责与义务。

3）如何建设“营销业务风险管理流程与文件数据管理”要素？

a.“营销业务风险管理流程与文件数据管理”要素的建设要求是什么？

完善、建立营销业务流程是建立稽查风险体系的关键之一，也是开展“系统化、体系化、规范化”工作的主要内容之一。按照PDCA循环的原则进行闭环管理，明确每个环节责任人员的任务、时间、地点、方法，按5W1H实施文件数据的操作控制管理。

b. 建设“营销业务风险管理流程与文件数据管理”要素的职责分工是怎样的？

（a）组织梳理营销业务风险管理流程，形成管理制度流程库。当流程管理发现变化时，应组织对变化要求进行宣贯执行，并更新流程库。定期回顾流程执行的情况，对修订、增加或废除相关的流程或环节提出管理建议。

（b）识别需要建立的风险管理数据与记录，建立营销风险管理数据与记录控制程序，程序控制应考虑下列因素：数据与记录完整性、准确性和及时性，数据与记录的可追溯性，数据与记录的存储的安全性与使用的方便性、数据与记录的维护方式、获取信息的记录。

（c）数据、记录要求：真实、完整、齐全、准确、及时。

（d）应充分利用现代信息技术为数据、记录的收集、汇总、分析的方便性提供技术支持。

4）如何建设“营销信息沟通”要素？

a.“营销信息沟通”要素的建设要求是什么？

企业必须明确营销风险信息沟通的程序，定时间、定方式向员工和内外部相关单位沟通传递信息，听取员工和内外部相关单位的建议、意见。

b. 建设“营销信息沟通”要素的职责分工是怎样的？

（a）沟通可以采取所有能采用的方式进行。

（b）在内部不同层次的领导要定期听取下级对营销风险管理工作的意见，这种定期听取方式必须有对话主题，提前告知其进行准备。

（c）必须建立员工提出合理化建议的管理制度，并定期公布对员工意见的回复情况。

5）如何建设“营销创新改善”要素？

a.“营销创新改善”要素的建设要求是什么？

应鼓励以降低营销风险为目的而开展的营销创新改善。在营销风险管理中，鼓励员工针对营销风险管理工作现场的问题提出合理化建议，应引导、鼓励员工立足岗位开展现场微小改善项目。

b. 开展合理化建议，应遵循哪些原则？

（a）合理化建议一般以小项目为主，包括所有改进现行稽查风险体系、提高生产安全、提高工作质量、降低成本、减少消耗、提高效率等为目的的具体建议。

（b）合理化建议要求全员参与、全方位展开。

（c）合理化建议要求持续开展。

（d）领导应对合理化建议给予支持，及时奖励。

（e）现场微小改善项目应以“规范、高效、减负”为原则，促进风险管理制度、技术标准、作业标准等相关要求执行到位、精简高效。

（2）危害辨识及风险评估单元的建设内容包括哪些？

本单元提出了风险评估与控制管理的总体要求与方法，阐述了营销业务中的危害识别和风险评估实施要求与操作方法，规定了风险库建立和风险评估结果应用的管理要求。

风险评估是体系建设工作的起点和基础，也是体系运行过程中改进管理的源头，因此，危害辨识及风险评估单元是建立营销稽查精益化风险体系的基础单元。明确营销风险识别、评估与控制“怎么管”、“管什么”的问题。

本单元共包括 4 个要素：危害辨识及风险评估原则、营销业务危害辨识、营销业务风险评估、营销业务风险回顾。

1）如何建设“危害辨识及风险评估原则”要素？

a.“危害辨识及风险评估原则”要素的建设要求是什么？

提出建立危害辨识及风险评估的管理程序，明确管理、实施责任、评估内容与方法等。

b. 建设“危害辨识及风险评估原则”要素的职责分工是怎样的？

（a）营销稽查中心应建立风险评估管理程序，明确风险辨识与风险评估的管理、实施责任；风险辨识与风险评估的流程、内容与方法；风险辨识与风险评估的动态、闭环管理要求。

（b）营销稽查中心应按照以下流程开展风险评估：

◇ 确定风险评估的对象。

◇ 风险辨识。

◇ 确定风险描述，即列出危害可能引起风险的具体结果信息。

◇ 确定风险种类和范畴。

◇ 查找可能暴露于风险的人员、设备及其他信息。

◇ 列举控制风险的现有措施。

◇ 分析危害转化为风险的可能性、频率和后果的严重性。

◇ 量化风险结果并划分风险等级。

◇ 对不可接受的风险制订控制措施。

◇ 评估所制订控制措施的有效性和经济性。

◇ 风险评估结果和合理控制措施的审核。

◇ 制订后续行动建议。

（c）营销稽查中心在开展风险评估过程中应确保：通过培训，使员工掌握风险辨识与风险评估的方法；员工清楚其暴露场所的安健环危害、风险及后果，熟悉其控制措施；评估的范围应涵盖地市供电局所有营销活动工作场所、营销活动过程；全员参与，必要时邀请技术专家、相关方参与，或委托第三方进行；风险评估结果应文件化，并予以公布。重大的风险问题应及时提交市场营销部。

（d）营销稽查中心应根据风险评估结果制订控制措施，制订措施时应考虑可行性与适用性、可操作性、经济性、资源保障、控制措施可能带来的新风险。

（e）营销稽查中心应构建基于营销稽查风险管理平台的闭环整改机制，组织梳理问题发现、责任确定、整改实施、整改验收、评价考核各管理流程环节要求，建立标准化营销业务风险 PDCA 闭环管控流程。

（f）每年或当内部和外部变化产生时，营销稽查中心应对风险评估进行回顾和更新。

2）如何建设“营销业务风险辨识”要素？

a.“营销业务风险辨识”要素的建设要求是什么？

识别影响营销工作质量的内外部危害因素，为风险评估工作开展奠定基础。结合供电局的实际，分客户用电安全危害、营销作业危害及营销管理危害因素等三个类别，提出了营销业务危害识别应关注的因素。

b. 建设“营销业务风险辨识”要素的职责分工是怎样的？

（a）针对业扩管理、抄核收、客服管理、停电管理、用电检查、线损管理、计量管理、项目管理等八大电力营销专业的各个业务环节进行分类整理，找出各个环节、不同环境独自或相互引起的风险源，并界定其所属专业、所属业务环节（问题分类）、风险等级，规范问题的描述。

（b）针对营销业务活动中可能导致人身伤害、设备或财产损失，以及影响电网安全稳定的危害因素进行系统、全面的识别。

（c）危害因素的识别主要考虑的因素包括：人的行为、管理制度与流程、技术与标准、设备与工具、环境因素等。

3）如何建设“营销业务风险评估”要素？

a.“营销业务风险评估”要素的建设要求是什么？

对辨识出的营销风险及其特征进行分析，通过描述风险发生可能性的高低、风险发生的条件，评估风险对企业实现目标的影响程度、风险的价值等。

b. 建设“营销业务风险评估”要素的职责分工是怎样的？

（a）对辨识出的营销风险及其特征进行分析，通过描述风险发生可能性的高低、风险发生的条件，评估风险对企业实现目标的影响程度、风险的价值等。实施风险评估时要求：统一描述，即统一企业各个层面对风险的认识，形成一套通用的风险语言；采取定性与定量分析相结合的方式进行动态评估。

（b）对风险问题按照专业分类序列逐一顺序用数码予以统一编号，精益化实现营销业务风险的数字评估。

（c）在确定风险发生概率和事故后果严重程度的基础上，明确风险等级划分标准，建立风险矩阵。基于风险等级划分标准开展营销业务风险评估，输出结果应是对各类风险的分级或是确定了重要性水平的、经分级的风险清单。

（d）应根据风险评估结果，编制营销稽查风险库，至少应包括以下信息：风险辨识名称及信息描述、风险问题编码、风险的种类与范畴、风险值及等级、规范引用、风险导致的后果。

（e）基于风险库开展风险数据分析与评估，研究风险的类型、发生频率，通过数据分析发现营销管理业务风险较高环境，引导重点稽查方向，实现数据指导稽查。

4）如何建设“营销业务风险回顾”要素？

a. “营销业务风险回顾”要素的建设要求是什么？

通过营销稽查及风险分析，及时发现和整改营销业务中的风险问题，并形成年度营销风险管控报告，建立闭环管理、持续改善机制。

b. 建设“营销业务风险回顾”要素的职责分工是怎样的？

（a）营销稽查中心应通过营销稽查及风险分析，及时发现和整改营销业务中的风险问题，并形成年度营销风险管控报告，建立闭环管理、持续改善机制。

（b）营销稽查中心应逐级向上报备本单位的年度《营销风险库》、年度《营销风险分析报告》、年度《营销风险控制措施计划》。

（c）年度《营销风险分析报告》的内容应包括：针对评价周期内营销服务领域各项业务多发问题、重复发现问题、风险等级高问题进行专项分析；制订有针对性的风险管控措施，降低风险发生的概率、减轻风险发生的影响；基于内、外部因素与风险条件的变化进行针对性分析。

（d）对风险管理工作进行全面回顾，对风险管理策划、风险评估、风险控制与监测、风险控制效果等方面的工作进行总结，改进风险管理工作。

（3）稽查精益管理单元的建设内容包括哪些？

本单元主要规范了营销稽查的四种主要稽查方式（常态稽查、在线稽查、专项稽查与飞行稽查）的程序和流程，并通过加强计划管理的方式，实现营销稽查的精益化管理。

稽查精益管理单元主要包括了稽查计划管理、常态稽查管理、在线稽查管理、专项稽查管理和飞行稽查管理五个要素。

1）如何建设“稽查计划管理”要素？

a.“稽查计划管理”要素的建设要求是什么？

根据年度精益风险管控目标、控制策略、风险库等制订营销稽查年度计划，对年度计划进行分解，制订月度稽查工作计划，明确稽查的内容、要求、范围、时间、地点、方式等方面具体工作内容。通过基于风险合理有效分配资源，确保营销稽查工作的开展有序，且有重点地开展实施，提高稽查工作效率和质量。

b. 建设“稽查计划管理”要素的职责分工是怎样的？

（a）营销稽查中心应在每年一季度制订营销稽查年度计划。营销稽查年度计划的制订应基于以下因素：上一年度风险评估数据结果、年度精益风险管控目标、年度风险控制策略。

（b）在营销稽查年度计划中，营销稽查中心应基于风险选择差异化的稽查方式。差异化的稽查方式有：常态稽查、在线稽查、专项稽查、飞行稽查。

（c）营销稽查中心应对营销稽查年度计划进行分解，制订月度稽查工作计划。月度稽查工作计划内容包括：稽查的内容、要求和范围，稽查时间，稽查的地点，稽查方式，稽查人员安排。

（d）应采用甘特图、看板等精益管理工具和例会等方法，及时监测跟踪计划的实施情况。

(e) 每季度对营销稽查年度计划进行回顾，以保持年度计划的适应性；定期对营销稽查月度计划进行回顾，以保持月度计划的适应性。

2）如何建设“常态稽查管理”要素？

a.“常态稽查管理”要素的建设要求是什么？

营销稽查人员定期按照随机抽样、人工挑选方式生成稽查样本，组织和安排相关人员开展检查，对发现的问题由稽查人员下达整改通知书进行整改。

结合供电局实际情况编制常态稽查工作计划，明确常态稽查计划应包含的内容以及常态稽查的程序。

b. 建设“常态稽查管理”要素的职责分工是怎样的？

(a) 营销稽查中心应结合地市供电局的实际情况编制常态营销稽查工作计划，以月为周期，对整个营销业务进行抽样稽查。常态营销稽查计划的内容应包括：具体的时间安排、被稽查单位、稽查业务项目、稽查的具体样本、检查人员。

(b) 常态营销稽查应实现四个全覆盖：业务类别全覆盖、业务环节全覆盖、客户类别全覆盖、区县分局全覆盖。

(c) 常态稽查程序为：制订稽查计划→稽查样本选取→计划审批与下达→派工与现场稽查→结果录入、整改、反馈→归档。

(d) 营销稽查中心应通过营销稽查月报通报稽查情况，同时在下期检查和通报稽查问题整改情况，形成闭环管理模式。

3）如何建设“在线稽查管理”要素？

a.“在线稽查管理”要素的建设要求是什么？

在线稽查是营销稽查人员根据事先确定的筛选条件，通过营销监控等信息系统自动筛选潜在问题样本，对营销业务的实施过程进行实时监督，及时纠正和控制营销差错的发生。

b. 建设“在线稽查管理”要素的职责分工是怎样的？

(a) 依托网省公司的营销系统平台，常态开展在线稽查工作。在线稽查程序为：设置阈值→发现异常→异常核查通知→问题核查、整改、反馈→处理结果记录、归档。

（b）营销稽查中心应定期开展稽查人员专业业务技能培训，提高稽查人员正确判断有效异常的能力，并对各业务单位整改完成情况进行监督、评价，定期通报。

（c）营销稽查中心应适时开展异常筛查规则修订，结合规则应用情况及管理要求，使规则满足稽查需求。

4）如何建设“专项稽查管理”要素？

a.“专项稽查管理”要素的建设要求是什么？

专项稽查是根据营销重点工作需要或常态、在线稽查中发现的薄弱环节不定期组织开展的针对性检查。

b. 建设“专项稽查管理”要素的职责分工是怎样的？

（a）除了上级部门的安排布置，专项稽查主要针对营销重点工作与薄弱环节开展。

（b）项目化专项稽查的开展应体现以下几个方面的工作：主题管理、组织管理、进度管理、技术管理、计划管理、安全管理。

（c）专项稽查程序为：制订专项稽查方案→稽查样本选取→方案审批及下达→派工及现场稽查→稽查结果录入、整改、反馈→整改复查→归档。

（d）完成专项稽查后应编制专项稽查报告，报告应包括稽查总体情况、稽查问题分布、稽查问题数据分析、典型案例分析、管理建议，稽查中心对各业务单位整改完成情况进行监督、评价，定期通报。

5）如何开展“飞行稽查管理”要素管理？

a.“飞行稽查管理”要素的建设要求是什么？

根据上级领导指示或者营销重点工作需要，针对某下属单位或者某项工作进行突击检查，确保营销重点工作规范、有序开展。

b. 建设“专项稽查管理”要素的职责分工是怎样的？

（a）应根据上级部门的安排布置、在线稽查和现场稽查发现的薄弱环节等情况不定期开展飞行稽查。

（b）飞行稽查程序为：确定被检单位和稽查内容→开展稽查工作→稽查问题通知→形成稽查报告并进行通报→稽查问题整改及反馈→整改情况复查、汇总及通报→归档。

（c）稽查中心对各业务单位整改完成情况进行监督、评价，定期通报。

（4）营销事故调查单元的建设内容包括哪些？

通过对事故/差错的报告、调查、统计分析，揭示发生的内外因素，研究发生的机理，制订防止重复发生的措施。

营销事故调查单元有营销事故/差错调查要素。

如何建设“营销事故/差错调查”要素？

a.“营销事故/差错调查”要素的建设要求是什么？

明确规定不同级别事故报告与调查处理的程序、方法，防止事故/差错重复发生。

b. 建设“营销事故/差错调查”要素的职责分工是怎样的？

（a）营销稽查中心处理营销事故应在24小时内逐级上报。

（b）营销稽查中心应对员工进行事故的报告程序进行培训，确保其理解意义和作用。

（c）在调查处理营销事故/差错时，营销稽查中心应：参与营销事故/差错问责的调查处理，向市场营销部提出问责处理意见；参与审核各县区局提交的问责处理意见；监督本级及各县区供电局问责决定的具体执行。

（d）营销稽查中心应在营销差错的调查处理后形成书面报告。

（e）营销稽查中心应定期对典型营销差错进行回顾。

（5）作业现场及工具管理单元的建设内容包括哪些？

作业环境存在的安全与健康风险是导致人员伤害和财产损失的因素之一，设置本单元的目的是通过对作业现场实施管理，消除或防范作业危害因素，确保工作现场整洁、规范、安全健康和有序，防止人员伤害和财产损失。

本单元包含环境与内务管理、工器具管理、现场稽查作业管理三个要素。

1）如何建设“环境与内务管理”要素？

a.“环境与内务管理”要素的建设要求是什么？

通过环境与内务管理，规范现场秩序，保持场所整洁卫生，避免人员伤害和财产损失，确保人员健康。根据现场风险，识别需要进行标识与划线的设备和环境，确认需要何种标识与划线类型是标识与划线管理的关键。

b. 建设“环境与内务管理”要素的职责分工是怎样的？

(a) 对作业场所的标识/划线需求进行识别，确定对应的标识/划线类别。

(b) 按标准在作业场所配置与设置标识/划线，标识的配置与设置要求：内容准确、符合标准及现场实际，标识清晰、位置明显、对应，安装（张贴）规范。

(c) 就标识的配置目的和含义对员工进行培训。

(d) 应对标识进行检查，保证标识的可视性、适用性、可追溯性。

(e) 内务管理应达到下列要求：物品管理定置化、功能划分清晰、现场整洁、无杂物、卫生设施清洁可用，应分门别类建立内务检查标准，并定期进行检查，对检查中发现的问题进行改进。

2）如何建设“工器具管理”要素？

a.“工器具管理”要素的建设要求是什么？

保障工器具本身的安全状态和控制使用中的风险，是控制作业风险的重要环节。本单元针对营销业务活动中所使用的工器具可能产生的危害，从管理、维护和使用方面提出了控制危害转变为风险的管理要求与方法。

b. 建设“工器具管理”要素的职责分工是怎样的？

(a) 辨识可能产生的危害及需要保护的对象。

(b) 工器具计划及发放使用记录。

(c) 培训正确的检查、保养与使用方法、要求。

(d) 明确相关工器具管理、检测流程及标准。

3）如何建设“现场稽查作业管理”要素？

a.“现场稽查作业管理”要素的建设要求是什么？

针对稽查作业前风险识别、现场稽查作业控制、现场风险回顾等环节提出了管理要求，以控制作业活动全过程的风险，确保作业活动中人身、设备和财产的安全。

b. 建设“现场稽查作业管理”要素的职责分工是怎样的？

(a) 现场作业前应进行充分准备，加强作业前的风险管理工作。

(b) 现场稽查作业过程严格按照作业表单步骤，开展现场风险辨识分析和安全交底，并严格按照稽查方案、作业表单稽查内容实施，并规范填写保存稽查过程中的检查记录。

（c）每天召开班前班后会，对当天现场稽查作业风险进行识别及回顾。班前班后会发现风险管控存在问题应纳入纠正预防进行跟踪处理，应确保班前班后会记录齐全、完善。

（6）文化管理单元的建设内容包括哪些？

风险管理文化是稽查风险体系的灵魂，有效的稽查风险体系必须以先进风险管理文化培育为先导，风险管理文化决定了风险管理理念和行为方式，在营销业务风险管理中占有十分重要的地位。文化管理单元包含风险文化建设与文化推广两个要素。

1）如何建设“风险文化建设”要素？

a.“风险文化建设”要素的建设要求是什么？

通过风险文化诊断与建设，明确当前风险文化的现状，可以有针对性地开展风险文化建设。

b. 建设“风险文化建设”要素的职责分工是怎样的？

（a）定期对营销风险文化的状态进行评估与诊断。营销风险文化评估诊断的重点包括：

◇ 风险文化建设对企业文化的影响与促进情况。

◇ 风险管理制度、规程执行力的提高状况。

◇ 各级管理人员和员工风险管理态度、知识与技能的变化。

◇ 各级管理人员与员工风险管理行为的改变。

◇ 风险管理活动的参与性与效果反馈。

◇ 风险管理激励措施的执行情况。

◇ 信息传播与沟通系统的运行。

◇ 营销风险标识、划线、标语、展板等物质文化建设情况。

（b）营销稽查中心应将风险文化的评估诊断情况编制成营销风险文化评估诊断报告。

（c）基于营销风险文化评估诊断，有针对性地开展风险文化建设。

（d）营销稽查中心应基于风险诊断的结果，有针对性地组织开展风险文化建设。

（e）开展风险文化建设时，应通过建设方案明确以下事项：工作目标、组织分工、工作思路、主要任务、实施步骤、奖惩办法等。

(f) 文化建设应根据“图、文、人、事、做法、经验、特色”等要素，主要步骤包括：确定主题、丰富内涵、制订方案、落实举措、呈现要素“八有”、成果转化六个步骤。

2) 如何建设“风险文化的推广”要素？

a. “风险文化的推广”要素的建设要求是什么？

组织开展风险文化推广工作，提升员工风险文化意识，逐步建立全员参与的风险管理文化。

b. 建设“风险文化的推广”要素的职责分工是怎样的？

(a) 积极倡导和强化全员的营销风险防控意识。应积极倡导和强化全员的营销风险防控意识，通过各种载体将营销风险理念传递给全员，并内化为全员的职业态度和工作习惯。

(b) 通过各种载体传递营销风险理念。应通过多种媒介开展风险文化推广工作，推广媒介包括内外部网站、QQ 微信等通信软件、内部报纸杂志、文化墙、广播电视等。

(c) 风险文化推广的主要内容应包括：营销风险理念与目标、营销风险管理制度和工作规范、各类营销风险知识、营销风险管控经验案例、典型的营销差错与事故及其危害、营销风险标识、划线、标语、展板等物质文化。

(d) 应加强营销风险防控文化知识的培训，提高员工的营销风险防控知识。

(7) 能力管理单元的建设内容包括哪些？

能力管理从员工培训入手，控制因人员因素造成的风险，通过培训，确保人员的知识、能力与岗位相匹配，为营销风险管理提供人员能力保障。能力管理单元共包含培训需求与计划管理、培训实施与效果管理两个要素。

1) 如何建设“培训需求与计划管理”要素？

a. “培训需求与计划管理”要素的建设要求是什么？

对能力需求分析、培训计划的编制提出了具体的要求，通过能力需求分析与培训计划的制订，确保培训的针对性。

b. 建设“培训需求与计划管理”要素的职责分工是怎样的？

(a) 应系统、全面对岗位的能力需求情况进行调研。

(b) 岗位的能力模型应重点体现岗位能力提升要求、个人职业发展要求。

(c) 开展能力差距分析，依据差距确定培训需求，制订培训计划。

2) 如何建设“培训实施与效果管理”要素?

a.“培训实施与效果管理”要素的建设要求是什么?

通过对培训全过程的监控与评估，确定培训有效性，不断提高培训效果。

b. 建设“培训实施与效果管理”要素的职责分工是怎样的?

(a) 组织实施培训计划时，应考虑人员、时间、方式、师资等的针对性与合理性，并满足相关人员的学时规定。

(b) 培训主要内容应包括：

◇ 电力营销稽查证及稽查技能鉴定培训。

◇ 相关专业作规章制度、设备知识及其操作方法、电力营销系统应用。

◇ 电业安全工作规程、事故件应急预案及处置方案、消防安全知识、交通信息安全知识。

◇ 作业风险评估、环境与职业健康风险评估。

◇ 生产用具的使用、检查和维护，包括测试设备、用电安全工器具和个人防护用品。

◇ 新工艺、新技术材料或者设备的操作、使用方法培训。

(c) 培训评估重点关注员工的应用能力跟踪评估。

(8) 整改与改进单元的建设内容包括哪些?

整改与改进单元是确保实现持续改进的重要环节，通过整改，采取措施对营销活动中存在的风险进行控制；通过改进，对稽查风险体系的运作情况进行全面的检查，确保体系运行的有效性和持续改进。

整改与改进单元共包含整改与预防、营销业务质量评价、管理评审三个要素。

1) 如何建设“整改与预防”要素?

a.“整改与预防”要素的建设要求是什么?

建立的整改与预防行动的控制系统应对营销活动中出现的问题提出所需的整改和预防行动，并跟踪落实。

b. 建设“整改与预防”要素的职责分工是怎样的？

（a）营销稽查中心应建立整改和预防行动的风险控制系统。系统应对下列过程/活动出现的问题提出所需的整改和预防行动并跟踪落实：风险管理专家小组会议、员工提出的意见和关心的问题，培训程序评估，稽查过程发现问题，流程运转及变化，事故调查，管理评审，风险评估，客户与相关方的投诉。

（b）整改和预防系统应能实现：信息的统一集中管理、整改和预防行动的分配与审批、整改和预防行动的跟踪与反馈、整改和预防行动的统计分析。

（c）整改和预防行动应明确具体措施的内容、责任部门/人和完成时限。

（d）营销稽查中心应评估整改和预防行动的效果，以防止类似问题再次发生。整改与预防评估工作的开展应遵循及时性、经济性、确保不再发生的原则。营销稽查中心应评估整改与预防行动解决根本原因问题的效力，评估有下列方法：消除、降低风险的评价，随机选择普遍关心的重大问题，对所实施的纠正和预防行动进行效果评估，并通过定期讨论回顾采取的纠正与预防行动的执行效果。

2）如何建设“营销业务质量评价”要素？

a. “营销业务质量评价”要素的建设要求是什么？

定期对营销服务工作质量进行评价，根据评价结果编制评价报告并发布，以加强对营销服务工作质量的监督管理。

b. 建设“营销业务质量评价”要素的职责分工是怎样的？

（a）营销稽查中心根据稽查结果，对营销业务单位营销服务工作质量过程进行评价，定期将评价结果报送市场营销部。

（b）评价内容包括主要指标评价和过程性评价两部分。

（c）营销业务质量评价工作每半年至少开展1次，评价对象为客户服务中心、计量中心、节能服务中心及各县、区供电局。

（d）评价流程分为评价标准发布、制订评价计划、实施评价、形成并发布评价结果、整改跟踪五个阶段。

（e）完成评价工作后，营销稽查中心根据评价结果编制评价报告，在评价周期结束次月将评价报告报送市场营销部，市场营销部根据评价报告发布评价结果。质量评价报告的主要内容包括：被评价总体情况、被评价单位及各专业评价情况及评价结果、主要存在问题、改进建议。被评价单位根据评价结果认真落实整改，营销稽查中心应对整改情况实施有效追踪。

3）如何建设“管理评审”要素？

a.“管理评审”要素的建设要求是什么？

管理评审由营销稽查中心负责人组织的针对管理工作进行的自我回顾、自我改进的评审。目的是评估稽查风险体系运作的绩效，以确保其适宜性、充分性及有效性与持续改进。

b. 建设“管理评审”要素的职责分工是怎样的？

（a）营销稽查中心每年应组织开展管理评审。管理评审应必须由部门负责人组织实施，应基于真实反映企业营销风险管理状态的有效信息进行，充分评审现有的信息，决定解决问题所需的纠正措施并保证资源。

（b）营销稽查中心在管理评审时主要考虑下列因素：

◇ 体系运转测量、审核、巡查的结果。

◇ 员工、客户反馈的信息。

◇ 营销问题分析报告。

◇ 过程表现。

◇ 以前管理评审的跟踪行动。

◇ 改进建议。

◇ 影响营销风险的变化。

◇ 纠正与预防措施的效力。

◇ 预定的目标、指标和绩效。

◇ 系统有效性与依从性的评估结果。

◇ 体系覆盖的充分性。

◇ 实施体系的资源保障情况。

◇ 人员任务和职责的合理性。

（c）营销稽查中心的管理评审应完成下列工作任务：

◇ 开展体系管理评审现状分析。

◇ 制订改进体系效力与管理过程的措施。

◇ 评估部门结构与资源的适宜性，优化资源配置。

◇ 调整制订绩效改进的目标与指标。

◇ 识别当前的重大风险并制订风险的缓减与控制计划。

◇ 明确、修订部门未来发展策略及其阶段性计划。

（d）营销稽查中心应针对存在的问题制订特定的纠正措施。

第3章

各专业营销稽查工作内容

一、业扩报装业务稽查

1 业扩报装业务稽查的定义和意义

（1）什么是业扩报装？

业扩报装，又称业务扩充，是指客户申请办理新装、增容用电业务手续，制订答复供电方案，对客户受电工程进行设计审查、中间检查和竣工检验，以及签订《供用电合同》、装表接电，建立客户用电档案的管理过程。

（2）什么是业扩报装业务稽查？开展业扩报装业务稽查有什么意义？

业扩报装业务稽查是检查业务扩充环节内部控制的规范性和有效性，业务受理的及时性和真实性，订立供电方案和《供用电合同》的规范性、技术合理性和合法性，业扩报装资料的完整性及真实性。

业扩报装是整个电力营销过程中的开始，是供电企业与客户第一次接触，属于供电企业的售前服务行为。因此，做好业扩报装业务稽查在电力营销稽查工作中占有十分重要的地位。

（3）业扩报装业务稽查的作业关键环节包括哪些？

业扩报装业务稽查的作业关键环节如下：

1）受理服务，主要业务节点包括：受理客户申请。

2）现场勘查，主要业务节点包括：现场勘查。

3）供电方案确定与答复，主要业务节点包括：制订供电方案及答复。

4）受电工程设计审查，主要业务节点包括：受理设计文件（合并）、审核设计并出具意见书。

5）中间检查与竣工验收，主要业务节点包括：受理中间检查申请（合并）、中间检查并出具意见书、竣工检验并出具意见书。

6）业扩费用收取与《供用电合同》签订，主要业务节点包括：业扩费用收取、签订供用电合同。

7）装表与接电，主要业务节点包括：装表、接电。

8）资料归档及保管，主要业务节点包括：业扩归档。

2 业扩报装业务的稽查关键点

（1）什么是受理业务？包括哪些主要业务节点？

受理服务，是指业务受理人员接收、核对客户的新装、增容、永久减容申请的相关资料和文件，并办理业务登记的过程。受理服务的主要业务节点有一个：受理客户申请。

1）受理客户申请环节。

a. 什么是受理客户申请？

受理客户申请是指用户通过营业厅、电话、网站、邮件、传真等多种方式提出低压新装、增（减）容申请，业务受理人员审核客户资料，判断是否满足报装条件的过程。

b. 受理客户申请应如何稽查？

稽查方法：审阅检查法，查询“营销系统”—“业扩报装”模块、业务受理资料实体材料或扫描件。

稽查重点：检查工单受理情况是否规范、检查各单位收集资料是否完整和符合要求。

c. 受理客户申请环节的主要稽查关键点有哪些？

（a）通过查询“营销系统”—“业扩报装”模块：

a）检查是否通过95598供电服务热线、网站、微信、自助服务终端等远程服务渠道受理客户用电需求。

b）检查供电企业在受理客户报装申请时，是否核实客户结清电费以及无违约用电、窃电等行为。

（b）通过翻阅业务受理资料，检查客户办理新装、增容用电是否提供了以下资料：

a）用电资料（一般包括工程项目批准文件以及用电地址、用电性质、用电设备清单、用电负荷、保安电力、用电规划等）。

b）客户的身份证明资料：①居民客户：居民身份证、户口本、军人证、驾驶证、回乡证，外籍居民还可提供护照；②公司、企业：营业执照、组织机构代码证；③社会团体：社团法人执照、组织机构代码证；④机关、事业单位、其他组织：上级单位（组建单位、主管单位等）证明文件，政府、行业主管部门批准其成立的文件，政府、行业主管部门颁发的有关证明，组织机构代码。

c）经办人身份证明资料。

d）客户授权委托书（非由客户亲自办理，或非单位法定代表人、负责人亲自办理时出具）。

e）用电地址物业权属证明资料。

f）政府部门或监管机构要求提供的其他文件。

（c）检查供电企业对接入电网并使用网电的发电厂和自备电厂，是否办理业扩报装手续。

（d）检查各个环节作业表单完成时间是否符合逻辑，判断是否存在“体外循环”情况。

（2）什么是现场勘查？包括哪些主要业务节点？

现场勘查，是指供电企业在受理客户用电申请后，工作人员进行现场勘查。勘查结果作为拟定供电方案的依据，应在《客户现场勘查情况表》上记录，现场勘查记录应完整、详实、准确。现场勘查的主要业务节点有一个：现场勘查。

现场勘查环节。

a. 现场勘查应如何稽查？

稽查方法：审阅检查法，通过查询“营销系统”—“业扩报装”模块和《客户现场勘查情况表》。

稽查重点：检查记录是否完整、翔实、准确，与系统中“现场勘查”环节所录入的勘查意见对比是否一致。

b. 现场勘查环节的主要稽查关键点有哪些？

（a）通过查询“营销系统”—“业扩报装”模块，检查供电企业在受理客户用电申请后，是否与用户确定勘查时间，并按照约定时间派出工作人员进行现场勘查。

（b）通过查询《客户现场勘查情况表》，检查勘查内容是否规范。现场勘查的内容包括：核实用电容量、用电类别、可靠性要求等客户用电信息，初步确定供电电源数（单电源或多电源）、供电电压、电源接入点、供电线路、投资分界、计量方案、计费方案等。现场勘查结果是否在勘查工作单上记录，现场勘查记录应完整、翔实、准确。勘查结束后是否在系统中录入勘查意见。对客户现场情况不具备供电条件的，供电企业是否向客户做出解释，是否提出合理的措施或建议，是否取得客户的理解。

（3）什么是供电方案确定与答复？包括哪些主要业务节点？

制订供电方案，是指供电方案制订人员根据国家的有关政策和规定、电网运行和规划建设情况、客户的用电需求以及综合现场勘查结果拟定供电方案，供电企业对供电方案内容审核并批复的相关工作。供电方案确定与答复的主要业务节点有一个：制订供电方案及答复。

制订供电方案及答复环节。

a. 制订供电方案及答复应如何稽查？

稽查方法：审阅检查法，查询“营销系统”—“业扩管理”模块和实体供电方案。

稽查重点：检查答复供电方案的时间是否在规定的时限内；有无明确告知客户具有自主选择受电工程的设计、施工和设备供应单位的权利；确定临时接电费用、高可靠性供电费用是否正确。

b. 制订供电方案及答复环节的主要稽查关键点有哪些？

（a）通过查阅实体供电方案：

a）检查是否统一业扩投资界面，实现业扩投资界面全口径、全电压等级延伸至客户红线。供电企业应根据公司业扩配套项目建设标准时限，结合客户需求，与客户协商确定具体配套项目建设周期信息，并以协议形式明确。

b）检查对于客户用电需求紧迫，自愿出资承担高压业扩配网建设的，是否结合客户意愿协商确定投资界面，满足客户及时用电需求。对于此类非标准投资界面是否填写供电方案提级审批表，严格执行审批程序，并落实资产接收相关事宜。

c）检查供电方案是否包括供电电压等级、供电容量、供电电源位置、供电电源数（单电源或多电源）、供电回路数、出线方式、供电线路架（敷）设方式、初步的计价及计量方式、业扩投资界面划分、客户自备应急电源、政策性收费、供受电工程建设及投产时间容量、资产移交以及供电方案的有效期等内容。

(b) 通过查询“营销系统”—“业扩报装”模块：

a) 检查供电企业是否在下述期限内答复客户供电方案，非供电企业原因造成供电方案答复延误的，应将有关情况记录存档。

供电方案答复限期：自客户签收受理回执之日起，供电企业应在下述期限内向客户出具供电方案，高压单电源客户不超过13个工作日，高压双电源客户不超过20个工作日。低压客户无须制订供用电方案，以《客户现场勘查情况表》作为双方确认及业扩配套项目的依据，出具《客户现场勘查情况表》不超过2个工作日。

b) 检查供电方案是否超出有效期。高压客户供电方案的有效期为1年，逾期注销。供电方案在有效期限内遇到情况变化，供电企业应主动与客户沟通协商、合理调整，重新确定后书面答复客户。

c) 检查非永久性的用电，供电企业是否给予临时电源供电，临时基建用电是否参照高、低压单电源流程要求执行，安装电能计量装置。公共集会、节日彩灯、影视拍摄等临时用电以及抢险救灾等紧急供电，不具备条件的可不安装电能计量装置，供电合同是否依据客户用电容量、使用时间、规定的电价明确计收电费。公共集会、节日彩灯、影视拍摄等临时用电是否超期使用，使用期限一般不超过7天。

(4) 什么是受电工程设计审查？包括哪些主要业务节点？

受电工程设计审查，是指供电企业依照国家标准、行业标准和供用电双方确定的供电方案，对客户送审的受电工程设计文件进行审核的过程。设计文件审核的主要业务节点有两个：受理设计文件（合并）、审核设计并出具意见书。

1) 受理设计文件（合并）环节。

a. 什么是受理设计文件（合并）？

受理设计文件（合并），是指业扩工作人员受理客户提交的设计资料和审核设计单位资质的过程。客户提供的设计单位的有关资料应当齐全，否则不予接收。客户选择的设计单位必须与委托书明确的设计单位一致，否则应重新进行设计单位资质核验。

b. 受理设计文件（合并）应如何稽查？

稽查方法：审阅检查法，检查客户提供的设计单位相关资料。

稽查重点：重点审查是否对客户受电工程指定设计单位或“二次许可”等不正当市场行为。

c. 受理设计文件（合并）环节的主要稽查关键点有哪些？

通过查询“营销系统”－“业扩报装”模块：

（a）检查设计单位资质审核是否实行一次备案管理。

（b）检查供电企业是否引导客户和设计单位选择典型设计方案，审图人员是否对受电工程典设引用的准确性和完整性进行审查，标准化设计免审批。

（c）通过检查营业厅公示具备资质的设计单位资料。

（d）检查是否遵守国家相关规定，禁止对客户受电工程指定设计单位，禁止“二次许可”等不正当市场行为。是否按电力监管部门要求，禁止不具备相应资质的单位入网承揽业务。

2）审核设计并出具意见书环节。

a. 什么是审核设计并出具意见书？

审核设计文件并出具意见书，是指对客户送审的受电工程设计文件进行审核并出具审核意见的过程。

b. 审核设计并出具意见书应如何稽查？

稽查方法：审阅检查法，检查客户提供的设计单位相关资料。

稽查重点：是否按规范要求对客户送审的受电工程设计文件进行了审核。

c. 审核设计并出具意见书环节的主要稽查关键点有哪些？

通过查询“营销系统”－“业扩报装”模块：

（a）检查供电企业是否依照国家、行业标准和供用电双方约定的供电方案，对客户受电工程设计进行审查，并在下述期限内出具《客户受电工程设计文件审查意见书》（设计审查期限：自受理客户设计审查申请之日起，至出具《客户受电工程设计文件审查意见书》之日止，高压供电客户不超过10个工作日），将审查结论和发现的问题一次书面反馈给客户。

（b）检查客户提供资料是否齐全：①设计委托书；②受电工程设计及

说明书（包括继电保护定值单）；③提供客户受电工程电子化移交图纸资料。

(c) 检查审核是否包含以下内容：①审查具体范围：（高）中压从电源接入点至（中）低压配电柜的出线端；低压从电源接入点至计量箱和进线总开关（箱）。统建住宅小区从电源接入点至客户计量点。②设计是否按供电方案要求进行。③设计是否符合中国南方电网公司《10kV及以下业扩受电工程典型设计》和用电客户电能计量装置典型设计的要求。④设计是否符合国家有关电气技术规范，特别是受电装置、计量装置、设备载流量、联锁装置、平面布置，是否满足安全、经济、合理的要求。⑤设计审查应严格按照国家有关规程、规定、标准，结合工程实际情况进行审核。

(d) 检查供电企业在客户受电工程设计审查阶段，是否对用电项目逐步推行能效评价，倡导客户使用节能环保的先进技术和产品，禁止使用国家明令淘汰的产品。

(e) 检查供电企业是否在审核设计文件并出具意见书时将业扩电子化移交模板提供给客户，并向客户介绍电子化移交要求，积极跟进并指导客户完成电子化移交工作。

(5) 什么是中间检查与竣工验收？包括哪些主要业务节点？

中间检查，是指供电企业对客户受电工程中隐蔽工程的检查过程。中间检查的主要业务节点有两个：受理中间检查申请（合并）、中间检查并出具意见书。

竣工验收，指供电企业按照国家和电力行业颁发的设计规程、运行规程、验收规范和各种防范措施等要求，根据客户提供的竣工报告和资料，对客户受电工程的工程质量进行检验。竣工检验的主要业务节点有一个：竣工检验并出具意见书。

1) 受理中间检查申请（合并）环节。

a. 什么是受理中间检查申请（合并）？

受理中间检查申请（合并），是指业扩工作人员受理客户提交的中间检查资料和审核施工、试验单位资质的过程。

b. 受理中间检查申请（合并）应如何稽查？

稽查方法：审阅检查法，检查客户提供的施工、试验单位相关资料。

稽查重点：有无对客户受电工程指定施工、试验单位或“二次许可”等不正当市场行为。

c. 受理中间检查申请（合并）环节的主要稽查关键点有哪些？

通过查询“营销系统”－“业扩报装”模块：

（a）检查施工、试验单位资质是否实行一次备案管理。

（b）通过检查营业厅公示具备资质的施工、试验单位资料，检查是否遵守国家相关规定，禁止对客户受电工程指定施工单位，禁止“二次许可”等不正当市场行为。按电力监管部门要求，禁止不具备相应资质的单位入网承揽业务。

2）中间检查并出具意见书环节。

a. 什么是中间检查并出具意见书？

中间检查并出具意见书，是指供电企业对客户隐蔽工程进行中间检查并出具检查意见的过程。

b. 中间检查并出具意见书应如何稽查？

稽查方法：审阅检查法，检查客户提供的中间检查相关资料。

稽查重点：中间检查是否在规定的时限内进行、是否规范。

中间检查的主要稽查关键点有哪些？

（a）通过检查客户提供的中间检查相关资料，检查是否积极跟踪重要客户受电工程建设情况，帮助客户协调解决施工过程中遇到的困难和问题，提高工程进度，确保工程质量。

（b）通过查询“营销系统”－“业扩报装”模块，检查供电企业在接到客户受电工程中间检查申请后，是否在下述期限内（中间检查期限：自受理客户中间检查申请之日起，至出具《客户受电工程中间检查意见书》之日止，高压供电客户不超过3个工作日）对受电工程中的隐蔽工程进行中间检查，并出具《客户受电工程中间检查意见书》，将检查结论和发现的问题一次书面反馈给客户，并指导督促其整改。

3）竣工检验并出具意见书环节。

a. 什么是竣工检验并出具意见书？

竣工检验并出具意见书，是指供电企业按照国家和电力行业规范要求，根据客户提供的竣工报告和资料，对客户受电工程的工程质量进行检验并出具检验意见的过程。

b. 竣工检验并出具意见书应如何稽查？

稽查方法：审阅检查法，检查客户提供的竣工检验相关资料。

稽查重点：竣工检验是否在规定的时限内进行、是否规范。

c. 中间检查并出具意见书环节的主要稽查关键点有哪些？

（a）通过查询“营销系统”－“业扩报装”模块，检查供电企业在接到客户的受电装置竣工报告及检验申请后，是否在下述期限内组织竣工检验（竣工检验期限：自受理客户竣工检验申请之日起，至出具《客户受电工程竣工检验意见书》之日止，高压单电源供电客户不超过 3 个工作日，高压双电源客户不超过 5 个工作日），并出具《客户受电工程竣工检验意见书》，将检验结论和发现的问题一次书面反馈给客户，并指导督促其整改。

（b）通过检查客户提供的竣工检验相关资料，检查客户提供的竣工检验资料是否包括以下文件：①设计变更证明文件（若存在变更）；②施工、试验单位资质证明材料《承装（修、试）电力设施许可证》复印件盖章，施工、试验委托书；③用电业务办理授权书（客户本人办理或被授权人已提供有效授权书，无需重复提供）；④工程竣工报告（工程竣工图及说明、电气设备交接试验及保护整定调试记录、安全用具的试验报告、隐蔽工程的施工及试验记录、运行管理的有关规定和制度、值班人员名单及资格、供电企业认为必要的其他资料或记录）；⑤变压器、开关柜等主要设备出厂合格证。

（6）什么是业扩费用收取与《供用电合同》签订？包括哪些主要业务节点？

《供用电合同》签订，是指供用电双方进行合同签订，并记录供用电双方的签字、签章日期、签订地点的过程。

业扩费用收取，是指收取与办理业扩业务有关的费用。主要业务节点有两个：业扩费用收取、签订供用电合同。

1）业扩费用收取环节。

a. 什么是业扩费用收取？

业扩费用收取，是指收取与办理业扩业务有关的费用。与办理业扩业务有关的收费，应严格执行国家和当地政府的有关规定，不得自立收费名目或者自定收费标准，不得向客户收取国家已明令取缔的收费项目。

b. 业扩费用收取应如何稽查？

稽查方法：审阅检查法，查询“营销系统”—“业扩费用”模块。

稽查重点：收取临时接电费用、高可靠性供电费用是否规范。

c. 业扩费用收取环节的主要稽查关键点有哪些？

通过查询“营销系统”—“业扩报装”模块，检查供电企业是否按国家和地方政策收取业扩费用，是否自立收费名目或者自定收费标准，是否向客户收取国家已明令取缔的收费项目。

2）签订供用电合同环节。

a. 什么是签订《供用电合同》？

签订《供用电合同》，是指供用电双方进行合同签订，并记录供用电双方的签字、签章日期、签订地点的过程。供电企业应根据相关法律法规，按照平等协商的原则，在正式接电前与客户签订《供用电合同》。未签订《供用电合同》的，不得接火送电。

b. 签订《供用电合同》应如何稽查？

稽查方法：审阅检查法，通过查询“营销系统”—“供电合同”模块和供电合同。

稽查重点：检查供电企业是否选用了适当的供用电合同范本；合同信息是否正确。

c. 签订《供用电合同》环节的主要稽查关键点有哪些？

(a) 通过查询“营销系统”—“业扩报装”模块，检查供电企业是否根据相关法律法规及公司供用电合同管理相关规定，按平等协商的原则，在正式接电前与客户签订《供用电合同》。是否存在未签订《供用电合同》接火送电的情况。

(b) 通过查询实体供电合同，检查是否按照合同范本的条款格式起草，不同类别的客户是否选用相应的供用电合同范本，是否实行分级管理。

(7) 什么是装表接电？包括哪些主要业务节点？

装表接电，是指安装电能计量装置，并在装表工作完成后，组织相关部门送电的业务过程。装表接电的主要业务节点有两个：装表、接电。

1）装表环节。

a. 什么是装表？

装表，是指安装电能计量装置的过程。

b. 装表应如何稽查？

稽查方法：审阅检查法，通过查询营销系统－装拆录入环节和查看现场照片。

稽查重点：电能计量装置是否按规定进行安装和加封，检查电能表止码是否正确。

c. 装表环节的主要稽查关键点有哪些？

（a）通过查询现场照片和现场实地考察：

a）检查电能计量装置配置与安装是否符合国家现行电能计量装置技术管理规范，是否装在供电设施的产权分界处。当电能计量装置不安装在产权分界处时，线路与变压器损耗的有功与无功电量是否由产权所有者负担。

b）检查分布式光伏项目是否根据国家要求，在并网接入处和发电侧设置计量点，并网计量点是否设置在产权分界点，设置一个或多个电能计量表，记录上、下网电量。分布式光伏电源发电侧是否尽量集中，设置一个或多个电能计量表，记录发电电量。

c）检查充电基础设施是否独立计量，在客户每个受电点内，是否按不同电价类别分别安装电能计量装置。

（b）通过查询“营销系统”－“业扩报装”模块，检查电能计量设备完成安装后是否及时在营销系统录入安装记录。检查装拆工作单电能表止码是否正确。

2）接电环节。

a. 什么是接电？

接电，是指在装表工作完成后，组织相关部门送电的过程。

b. 接电应如何稽查？

稽查方法：审阅检查法，查询“营销系统”－“接火送电”环节。

稽查重点：审查是否在规定的期限内给客户装表接电。

c. 接电环节的主要稽查关键点有哪些？

通过查询“营销系统”－“业扩报装”模块，检查装表接电是否符合限期：自受电装置检验合格并进入计量配表之日起，零散居民客户不超过2

个工作日，低压供电客户不超过 3 个工作日，高压供电客户不超过 5 个工作日。装表接电完成后，供电企业录入电能计量装置的装拆信息，对资产信息、互感器变比、电能表止码、封印等进行复核。复核无误后，完成接电并建立电费账户。

（8）什么是资料归档及保管？包括哪些主要业务节点？

资料归档及保管，是指建立或更新客户信息档案，收集、整理供电企业与客户之间在供用电业务活动中形成的资料并归档。资料归档及保管的主要业务节点有一个：业扩归档。

业扩归档环节。

a. 什么是业扩归档？

业扩归档，是指供电企业与客户之间在供用电业务活动中形成的界定供用电关系、反映业务办理真实情况的资料的归档管理工作。

b. 业扩归档应如何稽查？

稽查方法：审阅检查法，查询“营销系统”－“业扩归档”环节。

稽查重点：客户档案是否及时归档、档案是否完整，是否收集客户对业扩服务工作的评价和意见。

c. 业扩归档环节的主要稽查关键点有哪些？

通过查询“营销系统”－“业扩报装”模块：

（a）检查是否准确登记各个业务环节的起始时间和完成时间，是否在送电后 4 个工作日内完成资料的收集、核实和归档。

（b）通过检查实体档案，检查供电企业是否收集、核实和归档客户资料。归档的资料是否包括客户用电申请、《客户现场勘查情况表》、《供电方案协议》、设计图纸、《客户受电工程中间检查意见书》及《客户受电工程竣工检验意见书》、《供用电合同》和装表接电等相关资料。对营销管理有保存价值的其他文件资料，也应及时收集归档。计划基建部门应存储业扩配套项目档案。

（c）通过查询“营销系统”－“附件管理”功能，检查所有归档保管的客户纸质资料，是否通过扫描方式录入营销系统实施电子化保管。客户实体档案是否逐步采用物流技术实施集中派送、集中保管。检查供电企业是否结合营配信息集成，实施业扩工程资料电子化移交，是否通过业扩电子化移交实现营配信息共享。

（d）通过检查供电企业人员功能配置，检查供电企业是否配备专（兼）职人员负责客户资料的整理归档和维护管理，客户档案资料是否实行永久保管，并按照集中统一管理模式，实施供电企业集中管理。

二、电能计量业务稽查

1　电能计量业务稽查的定义和意义

（1）什么是电能计量？

电能计量是由电能计量装置来确定电能量值，为实现电能量单位的统一及其量值准确、可靠的一系列活动。在电力系统中，电能计量是电力生产、销售以及电网安全运行的重要环节，发电、输电、配电和用电均需要对电能准确测量。电能计量的技术水平和管理水平不仅影响电能量结算的准确性和公正性，而且事关电力工业的发展，涉及国家、电力企业和广大电力客户的合法权益。

（2）什么是电能计量业务稽查？开展电能计量业务稽查有什么意义？

电能计量业务稽查，是指检查计量管理工作是否严格按照国家相关法律法规以及企业内部的管理办法、业务标准执行，以确保电能计量准确可靠，保障公司的经济效益和社会效益。电能计量业务稽查工作质量的好坏，直接影响企业的经济利益，影响企业与客户贸易结算电费的依据，影响电能计量、核算电费的及时准确。通过电能计量业务稽查，努力提高电能计量装置的技术水平和管理水平，规范电力营销工作行为，保证电能计量法制管理的严肃性和电能量值的准确、可靠和统一，从而促进适应社会发展需要的、科学的电能计量装置技术管理体系的建立。

（3）电能计量业务稽查的作业关键环节包括哪些？

电能计量业务稽查的作业关键环节如下：

1）电能表检定，主要业务节点包括：派工、电能表检定、加封标记、上传检定结果。

2）电能计量设备领用管理，主要业务节点包括：办理出库。

3）电能计量设备退运、报废、再利用，主要业务节点包括：电能表退运处理、电能表技术检定、报废处理。

4）电能计量装置封印管理，主要业务节点包括：计量封印库存管理、计量封印领用、计量封印使用、封印注销。

5）计量方案设计审查，主要业务节点包括：计量方案设计。

6）电能计量项目竣工验收，主要业务节点包括：项目资料验收、现场验收。

7）电能计量装置装拆，主要业务节点包括：现场装拆并在工作单上做好记录。

8）电能计量装置现场检验管理，主要业务节点包括：制订检验计划、现场检验并记录检验结果、资料归档。

9）电能计量器具临时检定管理，主要业务节点包括：现场检验作业、出具检验结果。

10）电能计量装置运行抽检管理，主要业务节点包括：制订抽检计划、抽检。

11）电能计量装置周期轮换管理，主要业务节点包括：制订轮换计划。

12）客户侧电能计量装置故障处理，主要业务节点包括：故障处理。

13）厂站侧电能计量装置故障处理，主要业务节点包括：故障处理。

14）电能计量装置故障电量退补，主要业务节点包括：收集数据、提出电量退补方案、计算退补电量。

2 电能计量业务的稽查关键点

（1）什么是电能表检定？包括哪些主要业务节点？

电能表检定，是指查明和确认电能表是否符合法定要求的程序，包括检查、加标记、出具检定证书，电能表检定是保证所使用电能表质量的准确性和可靠性的业务。电能表检定的主要业务节点有四个：任务派工、电能表检定、加封标记、检定结果上传。

1）任务派工环节。

a. 什么是任务派工？

任务派工，是指针对检定项目派出持有相应项目计量检定员证的计量检定员的过程。

b. 任务派工应如何稽查？

稽查方法：审核调查法，审核资料为实验室技术人员档案、电能表检定记录中检定人记录。

稽查重点：人员台账是否齐全、准确，从事检定、校准工作的人员是否持有相应项目的计量检定员证，证件是否在有效期内。

c. 任务派工环节的主要稽查关键点有哪些？

检查技术人员档案信息，是否包括相关授权、能力、教育和专业资格、培训等记录；检查从事检定、校准工作的人员是否持有相应项目的计量检定员证，未取得计量检定员证的人员，不得单独从事计量检定工作。

2）电能表检定环节。

a. 什么是电能表检定？

指检定人员根据检定工单确定的检定类别，在派工日期规定的生产时限内进行电能表检定试验的过程。检定类别主要包括首次检定和后续检定（运行抽检、临时检定、再利用检定）。

首次检定：到货验收合格后，可进行电能表首次检定试验。

后续检定：电能表安装运行后，根据实际情况开展电能表质量评价、再利用和用户要求重新检定时，对运行电能计量器具拆回进行后续检定。

b. 电能表检定应如何稽查？

稽查方法：审核调查法，审核资料为营销系统实验室管理模块电能表检定记录。

稽查重点：计量检定的原始记录及有关技术资料的是否完整，电能表是否完成所有检定项目，数据处理结果是否准确，出具的检定证书是否符合规定要求。

c. 电能表检定环节的主要稽查关键点有哪些？

（a）检查机电式（感应系）交流电能表检定记录是否符合以下要求：

a）对机电式（感应系）交流电能表首次检定试验是否包括直观检查、绝缘性试验、准确度要求试验等三个工作活动。

b）后续检定是否包括直观检查、准确度要求试验。直观检查，主要包括观察表壳有无明显破损，标志是否清晰，是否符合国家标准或有关技术标准的规定。此外，对待检电能表总数的5%进行抽取内部检查，但不得少于3只，主要包括紧固螺丝是否松动，导线是否老化，表盖和端子盖密封是否良好。绝缘性试验，主要包括交流工频耐压试验。准确度要求试验，主要包括潜动试验、启动试验、基本误差试验、常数试验等。

（b）检查电子式多功能交流电能表检定记录是否符合以下要求：

a）对电子式多功能交流电能表首次检定试验是否主要包括直观检查、绝缘性试验、准确度要求试验、多功能检查等四个工作活动。

b）后续检定是否包括直观检查、准确度要求试验、多功能检查。直观检查，主要包括观察表壳有无明显破损，标志是否清晰，是否符合国家标准或有关技术标准的规定。有没有防止非授权人输入数据或开表操作的措施。绝缘性试验，主要包括交流工频耐压试验。准确度要求试验，主要包括潜动试验、启动试验、基本误差试验、常数试验等。多功能检查，主要包括电能计量功能检查、最大需量功能检查、事件记录功能检查、脉冲输出功能检查、显示功能检查和通信功能检查。

（c）已检定的电能表是否分区放置，合格与不合格电能表是否分区放置。

3）加封、标记环节。

a. 什么是加封、标记？

加封、标记，是指经检定合格的电能计量设备应加检定封印和检定合格证；不合格的贴不合格标记的过程。电能计量设备在检定、校准、检测时不得开启原生产厂封印。

b. 加封、标记应如何稽查？

稽查方法：现场检查法，检查对象为实验室电能表检定合格区；审核调查法，审核资料为营销系统资产管理模块电能表检定封印记录。

稽查重点：检查电能表封印证书粘贴是否规范，编码是否一致。

c. 加封、标记环节的主要稽查关键点有哪些？

检定合格的电能表是否粘贴合格证书，经检定合格的电能计量设备是否加检定封印和检定合格证；不合格是否贴不合格标记；电能表检定封印记录是否与电能表实体封印编码一致。

4）检定结果上传环节。

a. 什么是检定结果上传？

检定结果上传，是指电能计量设备历次检定/校准/检测的数据应及时保存，且上传至信息管理系统上，并定期进行存盘或光盘刻录备份的过程。

b. 上传检定结果应如何稽查？

稽查方法：审核调查法，审核资料为营销系统资产管理模块电能表检定记录、检定/校准证书和检定结果通知书。

稽查重点：电能表检定记录是否完成所有检定项目；原始记录、检定/校准证书、检定结果通知书、测试报告、检测报告信息是否齐全，其格式是否符合国家、行业规程规范以及相应作业指导书的要求。

c. 检定结果上传环节的主要稽查关键点有哪些？

检查电能表检定记录保存要求及时限是否符合要求：

（a）实验室内检定/校准/检测的原始记录应保存至计量器具生命周期结束。现场检验的原始记录是否保存至少三个检定周期。

（b）出具的检定/校准证书和检定结果通知书是否有检定人、核验人及主管人员签字。检定/校准证书、检定结果通知书、测试报告及检测报告是否经检定员、核验员、计量主管人员签字并盖检定专用章或测试专用章。

（c）检定/校准证书、检定结果通知书、测试报告和检测报告，以及检定专用章或测试专用章是否有专人保管。

（2）什么是电能计量设备领用管理？包括哪些主要业务节点？

电能计量设备领用管理，是指因电能计量设备装拆等业务需要，现场工作人员到物资仓库库房领出电能计量设备。电能计量设备领用管理的主要业务节点：办理出库。

1）办理出库环节。

a. 什么是办理出库？

办理出库，是指现场工作人员因业务需要，到物资仓库库房领出电能计量设备的过程。

b. 办理出库应如何稽查？

稽查方法：现场检查法，计量物资仓库；审核调查法，审核资料为电能计量装置领用单、电能计量设备台账、电能计量设备领用单。

稽查重点：主要对计量物资仓库的摆放及计量装置的设备台账进行检查。

c. 办理出库环节的主要稽查关键点有哪些？

现场检查计量物资仓库，检查计量物资放置是否符合以下要求：

(a) 电能计量设备是否分类、分批、分规格放置，应区分不同状态分区放置或加标志，按资产管理要求做好防范。配送的电能计量设备是否存放在周转箱，周转箱和库位应编号管理，并安排专人负责定期检查维护。

(b) 电能表设备管理是否按照以下要求：

a) 是否建立电能计量设备管理台账，台账记录是否齐全、完整。

b) 电能计量设备是否凭经审批的领料单领用，物资管理人员按领料单所登记的规格、数量进行发放，严禁施工单位工作人员代为领用。电能计量设备的领用是否在物资系统、营销系统里逐一登记。

c) 电能计量设备领出后，安装人员是否负责保管并及时安装。未完成安装的是否由安装人员保管并在 15 天内退回仓库。批量安装的是否在 10 个工作日内完成安装，并在工程完成安装后 5 个工作日内完成退料手续及实物移交。

d) 电能计量设备完成安装后是否在营销系统录入安装记录。零散的在 2 个工作日完成录入，批量安装的在 4 个工作日内完成录入。

(3) 什么是电能计量设备退运、报废、再利用，包括哪些主要业务节点？

电能计量设备退运、报废、再利用：对退运电能计量设备进行清理和技术鉴定，对不能满足现行国家、行业标准或技术性能下降，且不能修复的电能计量设备进行报废处理；鉴定可以使用不需维修的电能计量设备重新检定（检测），合格后纳入再利用计划的过程。电能计量设备退运、报废、再利用的主要业务节点有三个：电能表退运处理、电能表技术检定、报废处理。

1) 电能表退运处理环节。

a. 什么是电能表退运处理？

电能表退运处理，是指计量物资使用部门工作人员将退运拆回的电能计量设备退回到计量物资临时仓库的过程。

b. 电能表退运处理应如何稽查？

稽查方法：现场查检查法，检查对象为计量物资临时仓库；审核调查法，审核资料为电能表退运记录表、计量装置装拆表单。

稽查重点：电能表退运是否按规范存放，退运或丢失是否按规定进行记录。

c. 电能表退运处理环节的主要稽查关键点有哪些？

（a）现场检查计量物资仓库，退回的电能计量设备是否按类型、规格、状态等分区存放，明显损坏或淘汰的设备是否分开存放，仓库是否存在退运电能表的实物；对回退的电能表底度、互感器变比进行核对，是否与装拆表单一致。

（b）检查电能表退运记录表，计量设备是否保存 2 个抄表周期后启动报废和再利用工作。

（c）发生电能计量设备丢失，是否在营销管理信息系统进行登记，记录丢失原因等信息。检查设备丢失责任处理是否规范，属供电人员责任造成的，应追究责任；属客户责任丢失的，按照《供电营业规则》有关条款处理；属于重大失窃案件的，则应报案处理。

2）电能表技术检定环节。

a. 什么是电能表技术检定？

电能表技术检定，是指计量中心负责退运电能计量设备的技术鉴定工作，在 3 个抄表周期内完成技术鉴定。

b. 电能表技术检定应如何稽查？

稽查方法：审核调查法，审核资料为营销系统资产管理模块退运电能表检定记录。

稽查重点：退运电能表检定记录是否完成所有检定项目；是否在 3 个抄表周期内完成退运电能计量设备技术鉴定工作。

c. 电能表技术检定环节的主要稽查关键点有哪些？

审核营销系统资产管理模块退运电能表检定记录，退运电能表检定记录是否完成所有检定项目，信息填写是否全面准确；是否在 3 个抄表周期内完成退运电能计量设备技术鉴定工作：经鉴定可以使用不需维修的电能计量设备重新检定（检测），合格后是否纳入再利用计划，不合格设备是否进行返厂维修和报废。

3）报废处理环节。

a. 什么是报废处理？

报废处理，是指对退运电能表进行技术检定，依据鉴定标准对其性能、功能、误差等不能满足技术要求，或属于国家淘汰以及上级单位明文规定不准使用的电能计量设备进行报废处置的过程。

b. 报废处理应如何稽查？

稽查方法：审核调查法，审核资料为营销系统资产管理模块电能表报废记录，如报废申请、报废清单、报废审批表等。

稽查重点：报废流程是否按照有关规定进行，资料数据是否准确、齐全；不合格电能表是否及时报废处理，已报废的电能计量设备是否在营销管理信息系统登记报废信息。

c. 报废处理环节的主要稽查关键点有哪些？

（a）审核资产管理模块电能表报废流程是否按照规定进行，报废资料数据是否准确、齐全，包含报废申请、报废清单、报废审批表等。

（b）检查不合格电表是否按时限及时报废处理。

（c）检查已报废的电能计量设备是否在营销管理信息系统登记报废信息，并在系统长期保存保持其最后的运行信息。

（4）什么是电能计量装置封印管理？包括哪些主要业务节点？

电能计量装置封印管理，是指计量人员按规定对电能计量装置所有应加封部位进行加封，以封锁电能计量装置的管理过程，分为计量检定封印、装表封印和用电检查封印三种。电能计量装置封印管理的主要业务节点有四个：计量封印库存管理、计量封印领用、计量封印使用、封印注销。

1）计量封印库存管理环节。

a. 什么是计量封印库存管理？

计量封印库存管理，是指封印的保管、入库、发放、回收、报废由计量部门设保管员专门负责。

b. 计量封印库存管理应如何稽查？

稽查方法：审核调查法，审核资料为电能表计量封印库存情况登记表、计量封印使用情况表。

稽查重点：是否建立封印的领取、使用、退回、报废等的管理台账；封印实物与台账是否一致；封印持有人是否符合资格。

c. 计量封印库存管理环节的主要稽查关键点有哪些？

（a）检查计量封印持有人员范围是否规范，如表 3-1 所示。

表 3-1　计量封印相关人员持有范围

封印名称 / 工种	计量检定封印（绿色）	装表封印（蓝色）	用电检查封印（黄色）	备　　用
计量检定人员	允许持有	不允许持有	不允许持有	含电科院计量检定人员
装表人员	不允许持有	允许持有	不允许持有	含抄收装表合一工种的用电营业人员
用电检查人员	不允许持有	不允许持有	允许持有	含只负责抄收不兼装表的抄表人员

（b）检查是否严格控制计量封印持有人员的范围和人数，上述三个工种人员经部门领导推荐、单位主管领导批准才有资格成为计量封印持有人员。非上述工种人员一律不准持有计量封印。严禁施工人员或非封印持有人员代为加封。

2）计量封印领用环节。

a. 什么是计量封印领用？

计量封印领用，是指部门封印管理员凭盖有本部门公章的“计量封印领用单”到计量封印保管员处领取相应封印的管理过程。

b. 计量封印领用应如何稽查？

稽查方法：审核调查法，审核资料为计量封印领用单、计量封印台账表、营销系统资产管理模块封印使用记录。

稽查重点：领用单是否有盖章和双方签名；封印数量是否对应计量封印台账表；系统记录的封印持有人对应封印数量是否准确。

c. 计量封印领用环节的主要稽查关键点有哪些？

（a）检查计量封印领用单，是否凭盖有本部门公章进行领用，领取单上是否有保管员和持有人双方签名。

（b）检查计量封印台账表计量封印梳理是否对应一致。

（c）检查营销系统资产管理模块封印使用记录是否填写准确，如出现封印领用后领用人发现封印无效情况，是否立即退还封印管理员。

3）计量封印使用环节。

a. 什么是计量封印使用？

计量封印使用，是指使用人按照封印性质，对计量装置进行正确加封的过程。

b. 计量封印使用应如何稽查？

稽查方法：审核调查法，审核资料为计量封印拆除（更换）记录表、计量封印遗失记录表、营销系统资产管理模块封印使用记录；现场检查法，检查对象为电能表安装现场电能表封印。

稽查重点：计量封印资料是否齐全，信息是否与现场一致；封印遗失资料填报是否及时规范。

c. 计量封印使用环节的主要稽查关键点有哪些？

（a）检查计量装拆表记录，核对封印位置、编码等相关信息是否与信息系统、现场计量装置一致，现场封印条码与计量封印拆除（更换）记录表是否一致。

（b）检查封印遗失是否填报计量封印遗失记录表，并在营销系统更新计量封印记录，未使用的封印应是否退还封印管理员。

4）封印注销环节。

a. 什么是封印注销？

封印注销，是指对注销的计量封印进行统一销毁，及时将计量封印的注销信息录入营销系统计量封印模块。

b. 封印注销应如何稽查？

稽查方法：审核调查法。审核资料：计量封印报废、退回汇总表、营销系统资产管理模块、封印使用记录。

稽查重点：报废记录是否录入准确。

c. 封印注销环节的主要稽查关键点有哪些？

（a）是否对注销的计量封印进行统一销毁，并将计量封印的注销信息录入营销系统计量封印记录。

（b）检查是否建立计量封印报废、退回汇总表，封印数量与报废实体、系统录入数据是否一致。

（5）什么是计量方案设计审查？包括哪些主要业务节点？

计量方案设计审查，指电能计量管理机构对电力工程建设、用户受电工程、技术改造项目中有关计量部分的设计审查。主要是对电能计量方案中有关计量点设置、计量方式设置、计量装置配置、接线方式及计量自动化终端选型、电能量数据采集内容、通信方式等设计要求进行审查确认。计量方案设计审查的主要业务节点有一个：计量方案设计。

1）计量方案设计环节。

a. 什么是计量方案设计？

计量方案设计，是指电能计量方案中有关计量点设置、计量方式设置、计量装置配置、接线方式及计量自动化终端选型、电能量数据采集内容、通信方式等的设计。

b. 计量方案设计应如何稽查？

稽查方法：审核调查法。审核资料：业扩工作单用户计量方案。

稽查重点：现场施工是否按设计方案进行施工；电能计量装置配备是否准确，是否符合《供用电营业规则》、《南方电网公司电能计量装置典型设计》要求。

c. 计量方案设计环节的主要稽查关键点有哪些？

（a）检查高压、低压计量方案设计是否满足以下要求：

a）高压计量设计要求：高压侧为中性点绝缘系统，应采用三相三线多功能电能表；高压侧为非中性点绝缘系统，应采用三相四线多功能电能表。

b）低压计量设计要求：低压侧为中性点直接接地系统，应采用三相四线电能表；低压供电方式为单相者应安装单相电能表，为三相者应安装三相四线有功电能表。

（b）检查计量装置配置是否满足以下要求：

a）电能表配置要求：经电流互感器接入的电能表，其标定电流宜不超过电流互感器额定二次电流30％，其额定最大电流应为电流互感器额定二次电流的120％左右。直接接入式电能表的标定电流应按正常运行负荷电流的30％左右进行选择。

b）互感器配置要求：电流互感器额定一次电流的确定，应保证其在正常运行中的实际负荷电流达到额定值的60%左右，至少应不小于20%。

c）电能量数据终端配置要求：按用电类别配置适当的终端。发电厂或变电站使用厂站电能量采集终端，配电变压器使用配变监测终端，专用变压器客户使用负荷管理终端，低压客户使用低压集抄终端。

d）二次回路是否严格按照《电能计量装置技术管理规程》进行接线。

（6）什么是电能计量项目竣工验收？包括哪些主要业务节点？

电能计量项目竣工验收，指对电能计量装置在投运前进行整体的验收，确保电能计量装置安全、准确、可靠投入运行。电能计量项目竣工验收的主要业务节点有两个：项目资料验收、现场验收。

1）项目资料验收环节。

a. 什么是项目资料验收？

项目资料验收，是指组织对技术资料进行审查的过程，竣工验收资料需提供纸质文档及电子档案。

b. 项目资料验收应如何稽查？

稽查方法：审核调查法。审核资料：项目验收资料。

稽查重点：项目验收资料是否齐全、相关设备说明书及合格证是否齐全。

c. 项目资料验收环节的主要稽查关键点有哪些？

检查高压、低压计量装置验收资料是否符合以下要求：

（a）高压计量装置需提供的计量装置技术资料是否完整。①电能表、互感器、计量自动化终端、计量箱（柜）检查要求与低压计量装置检查要求相符。②二次回路导线或电缆的型号、规格及长度说明书。③电压互感器二次回路中的熔断器、接线端子的说明书等。④施工过程中需要说明的其他资料。

（b）低压计量装置计量装置技术资料：①电能表：出厂试验报告、法定计量检定机构出具的检定证书。②互感器：出厂合格证、使用说明书、法定计量检定机构出具的检定证书。③计量自动化终端出厂合格证、说明书和调试报告。④计量箱（柜）的出厂合格证、说明书。

2）现场验收环节。

a. 什么是现场验收？

现场验收指现场对安装的电能计量装置是否与提供的技术资料相符，安装工艺是否符合规范，电能计量装置是否有法定计量单位出具的检定合格证书等进行验收试验的过程。

b. 现场验收应如何稽查？

稽查方法：现场检查法，检查对象为用户计量装置安装地点；审核调查法，审核资料为计量方案、电能计量装置现场验收记录。

稽查重点：电能计量装置现场验收资料是否齐全，验收工单填写是否正确，是否按要求进行现场验收。

c. 现场验收环节的主要稽查关键点有哪些？

检查验收资料及现场环境是否满足以下要求：

（a）电能表现场验收要求。检查电能表安装环境满足要求，电能表安装位置应便于周期轮换要求，接线正确且符合《电能计量装置安装接线规则》要求。

（b）TA、TV 现场验收要求。①采用独立的专用计量用电流互感器、电压互感器。②计量用电压互感器二次专用绕组的准确度等级应采用 0.2S 级，计量用电流互感器二次专用绕组的准确度等级应采用 0.2S 级。③检查互感器一、二次极性应标识清楚，一、二次同极性方式接线。

（c）计量自动化终端现场验收要求。①检查计量自动化终端装置安装可靠，铭牌清晰。终端按键、液晶显示、终端电池、上传通道、抄表指示灯、电源检查正常。②通信回路完好，供电电源不易经常断开，并有可靠的保护措施，电源回路的控制、保护设备应标识清楚、调试完毕并能与主站连通，以保证数据采集和上报正确。

（d）计量二次回路现场验收要求。①检查电能表、互感器及其计量二次回路接线情况应和竣工图一致，计量二次回路应有明显规范的标识。②检查安装工艺质量，应符合有关标准要求。③检查二次回路接线正确性。④检查二次回路中间触点、熔断器、试验接线盒（连接片）的接触情况良好。

（e）计量箱（柜）现场验收要求。①检查电能计量箱（柜）外形、位置，有无加封印。②计量柜一次设备室内应装设防止误打开操作的安全联锁装置，电能表安装室的柜门严禁安装联锁跳闸回路，一次设备与二次设备之间必须采用隔离板完全隔离。

(f) 所有检查项目须按南方电网《10kV用电客户电能计量装置典型设计》、《低压用电客户电能计量装置典型设计》进行验收。

(7) 什么是电能计量装置装拆？包括哪些主要业务节点？

电能计量装置装拆，是指电能计量装置的安装和拆除。电能计量装置装拆的主要业务节点有一个：现场装拆并在工作单上做好记录。

现场装拆并在工作单上做好记录环节。

a. 什么是现场装拆并在工作单上做好记录？

现场拆装指装拆表人员在接到电力客户电能计量装置变更通知后，须在规定时间内完成相应的电能计量装置重新配置、现场装拆、表码读取等工作，并录入营销系统，同时更新到计量自动化系统的工作过程。

b. 现场装拆并在工作单上做好记录应如何稽查？

稽查方法：现场检查法，检查对象为用户计量装置安装地点；审核调查法，审核资料为营销系统工作单模块计量工作单、电能计量装置装拆单。

稽查重点：是否填写电能计量装置装拆工单，现场电能表信息是否与工单相符；实体表单时间是否符合逻辑；是否按规定时限录入系统及归档；现场设备、装拆工单、营销系统、记录自动化系统，四者的计量信息是否相同。

c. 现场装拆并在工作单上做好记录环节的主要稽查关键点有哪些？

检查营销系统计量工单时限是否满足以下要求：

(a) 零散的电能表是否在当天完成安装，未完成安装的是否由安装人员保管并在15天内退回仓库。

(b) 批量安装的电能表是否在10个工作日内完成安装，并在工程完成安装后5个工作日内完成退料手续及实物移交。

(c) 零散新装的电能计量装置是否在投运后2个工作日内完成系统装拆表录入工作；批量新装的电能计量装置是否在投运后4个工作日内完成系统装拆表录入工作。

(8) 什么是电能计量装置现场检验管理？包括哪些主要业务节点？

电能计量装置现场检验管理，是指根据规程或客户要求，对管辖范围内的电能计量装置进行定期或不定期的现场校验管理，确保电能计量装置正常运行。电能计量装置现场检验管理的主要业务节点有三个：制订检验计划、现场检验并记录检验结果、资料归档。

1）制订检验计划环节。

a. 什么是制订检验计划？

制订检验计划，是指电能计量技术机构编制并实施电能计量装置的年、季、月度现场检验计划。

b. 制订检验计划应如何稽查？

稽查方法：审核调查法。审核资料：年、季、月度现场检验计划。

稽查重点：电能计量装置是否按照规定类别要求进行编制检验计划。

c. 制订检验计划环节的主要稽查关键点有哪些？

检查现场检验计划时限是否符合要求：

(a) 新装电能表运行第一年现场检验周期：①Ⅰ类电能表至少每 3 个月现场检验一次。②Ⅱ类电能表至少每 6 个月现场检验一次。③Ⅲ类电能表至少每年现场检验一次。

(b) 运行第一年现场检验合格的电能表，之后运行期间检验周期：①电力客户Ⅰ类：至少每 6 个月检验一次。②电力客户Ⅱ类：至少每 1 年检验一次。③电力客户Ⅲ类：至少每 2 年检验一次。

2）现场检验并记录检验结果环节。

a. 什么是现场检验并记录检验结果？

根据规程或客户要求，对管辖范围内的电能计量装置进行现场校验，并记录现场检验数据。

b. 现场检验并记录检验结果应如何稽查？

稽查方法：审核调查法。审核资料：电能计量装置现场查验工作单。

稽查重点：有无填写电能计量装置现场查验工作单；工单信息是否正确；有无对要求项目进行检查，是否正确填写数据。

c. 现场检验并记录检验结果环节的主要稽查关键点有哪些？

检查现场检验内容是否符合要求：

(a) 测量实际负荷下电能表的误差，检查电能表功能项目，如时钟、时段设置等内容。

(b) 测量电流、电压互感器实际二次负载及电压互感器二次回路压降。

(c) 检查二次接线及相序是否正确。

(d) 检查计量自动化终端控制回路接入情况、终端参数设置、无线公网信号强度、终端登录上线情况，并与主站进行远程联调和核实。

3) 资料归档环节。

a. 什么是资料归档?

资料归档是指现场检验数据录入营销系统、资料归档的过程。

b. 资料归档应如何稽查?

稽查方法：审核调查法。审核资料：营销系统资产管理模块电能表检验记录。

稽查重点：现场检验数据是否及时、准确录入营销系统。

c. 资料归档环节的主要稽查关键点有哪些?

(a) 检查系统中现场检验数据录入是否准确。

(b) 检查系统中资料归档时限是否超期，是否在 3 个工作日内归档。

(9) 什么是电能计量器具临时检定管理? 包括哪些主要业务节点?

电能计量器具临时检定管理，是指根据客户提出有异议的电能计量装置进行检定，检验电能计量装置运行情况，确保电能表质量的准确性和可靠性的业务。电能计量器具临时检定管理的主要业务节点有两个：现场检验作业、出具检验结果。

1) 现场检验作业环节。

a. 什么是现场检验作业?

现场检验作业指电能计量技术机构受理用户提出有异议的电能计量装置的检验申请后，在规定时限内到现场检验电能计量器具。

b. 现场检验作业应如何稽查?

稽查方法：审核调查法。审核资料：计量器具临时检定工作单、现场检验记录。

稽查重点：是否在规定时限内进行检定；计量器具临时检定工作单内容填写是否完整；有无对要求项目进行检查，是否正确填写数据。

c. 现场检验作业环节的主要稽查关键点有哪些?

(a) 检查用电负荷误差是否根据以下原则进行：

a）对高压用户或低压三相供电的用户一般应按实际用电负荷确定电能表的误差，实际负荷难以确定时，应以政策月份的平均负荷确定误差；对照明用户一般应按平均负荷确定电能表误差。

b）当电能表误差不合格，需补充说明电能表误差，可参照 DL/T 448《电能计量装置技术管理规程》执行，照明用户的平均负荷难以确定时，可按下列方法确定电能表误差，即误差＝（I_{max}时的误差＋3×I_b 时的误差＋0.2I_b 时的误差）/5。

（b）现场检验时限是否符合要求：

a）电能计量技术机构受理用户提出有异议的电能计量装置的检验申请后，对于高压用户根据 SD109—1983《电能计量装置检定规程》在 7 个工作日内先进行现场检验。

b）对于低压和照明用户，在 7 个工作日内将电能表和低压电流互感器检定完毕。

2）出具检验结果环节。

a. 什么是出具检验结果？

指临时检定完成后，应出具检定证书或检定结果通知书。检定电能表、互感器时不得拆启原封印。

b. 出具检验结果应如何稽查？

稽查方法：审核调查法。审核资料：计量器具检定报告、测试报告。

稽查重点：检验结果出具时限、内容是否符合要求。

c. 出具检验结果环节的主要稽查关键点有哪些？

检查检定报告、测试报告，电能计量器具现场检验合格者是否在 7 日内出具检验的结果并存档；检定不合格的电能表、互感器是否出具检定结果通知书并存档；对临时检定的电能表、互感器暂封存 1 个月，其结果是否通知用户。

（10）什么是电能计量装置运行抽检管理？包括哪些主要业务节点？

电能计量装置运行抽检管理，是指对运行中的电能计量装置，在投入运行一定年限后，按计划定期进行质量抽样检定，以确定整批电能计量装置是否能继续运行，为电能计量装置的质量评价提供基础数据。电能计量装置运行抽检管理的主要业务节点有两个：制订抽检计划、抽检。

1）制订抽检计划环节。

a. 什么是制订抽检计划？

根据电能表运行档案、《电能计量装置技术管理规程》规定的轮换周期、抽检方案和地理区域、工作量情况等，应用信息管理系统制订出每年（月）电能表的抽检计划。

b. 制订抽检计划应如何稽查？

稽查方法：审核调查法。审核资料：电能表抽检计划表。

稽查重点：是否按照制度规定要求制订抽检计划。

c. 制订抽检计划环节的主要稽查关键点有哪些？

（a）检查互感器是否按照以下要求进行抽检轮换：

a）低压电流互感器从运行的第20年起，每年是否抽取10%进行检定。

b）10kV及以上计量互感器是否每10年现场检验一次，宜结合主设备检修进行。

（b）检查Ⅰ、Ⅱ、Ⅲ、Ⅳ、Ⅴ类计量装置是否按照以下要求进行抽检轮换：

a）运行中的Ⅰ、Ⅱ、Ⅲ类电能表的轮换周期一般为3～4年，运行中的Ⅳ类电能表的轮换周期为4～6年。但对同一厂家、型号的静止式电能表可按上述轮换周期，到周期抽检10%。

b）对运行中的Ⅴ类电能表，从装出的第6年起，每年是否进行分批抽样，做修调前检验，以确定整批表是否继续运行。抽样程序应参照GB/T 15239进行，采用二次抽样方案。

2）抽检环节。

a. 什么是抽检？

抽检是指按照抽检计划，按批次统一制订抽检方案，明确抽检产品的种类、批号、批量、型号、样本量、投运年份，抽取样本进行检验的过程。

b. 抽检应如何稽查？

稽查方法：审核调查法。审核资料：电能计量设备检测记录。

稽查重点：是否按规定要求进行抽检；检测项目是否完整（检测项目与电能计量装置现场检验管理第3点要求一致）。

c. 抽检环节的主要稽查关键点有哪些？

检查各类计量装置抽检合格率是否满足以下要求：

（a）电能表检定：Ⅰ、Ⅱ类电能表的修调前检验合格率为100%，Ⅲ类电能表的修调前合格率应不低于98%，Ⅳ类电能表的修调前合格率应不低于95%。检测不合格设备应及时更换。

（b）互感器检定：低压电流互感器从运行的第20年起，每年应抽取10%进行轮换和检定，统计合格率应不低于98%，检测不合格设备应及时更换。

（c）终端监测：终端常规检测包括结构检查、功能和性能试验、数据传输试验，抽检合格率应不低于99%，检测不合格设备应及时更换。

（d）是否根据现场检验和室内检定的数据，判定抽样批次是否合格并出具抽检结论。对不合格批次，应转入“电能计量装置周期轮换管理”流程，为设备厂家对供应商进行评价提供数据。

（11）什么是电能计量装置周期轮换管理？包括哪些主要业务节点？

电能计量装置周期轮换管理，是指对运行抽检结论不合格批次的电能计量装置进行周期更换过程，以保证装置安全、准确、可靠运行。电能计量装置周期轮换管理的主要业务节点有一个：制订轮换计划。

制订轮换计划环节。

a. 什么是制订轮换计划？

制订轮换计划是指根据电能计量装置的轮换周期，制订相应的轮换计划。

b. 制订轮换计划应如何稽查？

稽查方法：审核调查法。审核资料：电能表轮换计划表。

稽查重点：是否按要求规定制订轮换计划；运行抽检批次不合格的电能计量装置是否全部轮换。

c. 制订轮换计划环节的主要稽查关键点有哪些？

（a）互感器周期轮换是否满足以下要求：

a）低压电流互感器从运行的第20年起，每年是否抽取10%进行轮换和检定，统计合格率应不低于98%，否则应加倍抽取、检定、统计合格率，直至全部轮换。

b）低压电流互感器从运行的第20年起，每年应抽取10%进行轮换和检定，统计合格率应不低于98%，检测不合格设备应及时更换。

(b) Ⅰ、Ⅱ、Ⅲ、Ⅳ、Ⅴ周期轮换是否满足以下要求：

a) 运行中的Ⅰ、Ⅱ、Ⅲ类电能表的轮换周期一般为3～4年，运行中的Ⅳ类电能表的轮换周期为4～6年，但对同一厂家、型号的静止式电能表可按上述轮换周期，到周期抽检10%，做修调前检验。若满足：Ⅰ、Ⅱ类电能表的修调前检验合格率为100%，Ⅲ类电能表的修调前检验合格率应不低于98%，Ⅳ类电能表的修调前检验合格率应不低于95%时，则其他运行表计允许延长一年使用，待第二年再抽检，直到不满上述要求时全部轮换。

b) Ⅴ类双宝石电能表的轮换周期为10年。

c) 运行中的Ⅴ类电能表，从装出第6年起，每年是否进行分批抽检，抽检不合格的应整批次更换。

(12) 什么是客户侧电能计量装置故障处理？包括哪些主要业务节点？

客户侧电能计量装置故障处理，是指客户侧计量装置发生故障后，处理故障直至恢复正常运行的过程。客户侧电能计量装置故障处理的主要业务节点有一个：故障处理。

故障处理环节。

a. 什么是故障处理？

故障处理，指客户侧计量装置发生故障后，处理故障直至恢复正常运行的过程。

b. 故障处理应如何稽查？

稽查方法：审核调查法。审核资料：用电用户计量装置故障工单。

稽查重点：是否填写电能计量装置故障工单；现场设备、装拆工单、营销系统、计量信息是否一致；故障处理时限是否满足要求。

c. 故障处理环节的主要稽查关键点有哪些？

(a) 检查故障处理过程是否符合要求：

a) 是否核对计量点信息，对计量装置接线进行检查，现场做好带负荷测试。

b) 造成电能表失压、失流故障的，是否依据电能表事件记录，提取电能表故障时段内的电能量参数，并做好数据的储存及备份。

c) 对电能表、互感器进行现场校验时，是否做好相应现场检验测试记录。

（b）检查电能计量装置故障处理时间要求：

a）影响客户正常用电的高压电力客户计量故障的处理时间为 3 个工作日，低压电力客户计量故障的处理时间为 7 个工作日。

b）紧急缺陷的处理时间不超过 24 小时。导致一类电能计量事件的重大缺陷处理时间原则上不超过 3 个工作日，导致二类电能计量事件的重大缺陷处理时间原则上不超过 5 个工作日，导致三类电能计量事件的重大缺陷处理时间原则上不超过 7 个工作日，一般缺陷的处理时间不超过 20 个工作日。

c）所有故障及差错处理资料均应在 3 个工作日内归档。

（13）什么是厂站侧电能计量装置故障处理？包括哪些主要业务节点？

厂站侧电能计量装置故障处理，是指厂站侧计量装置发生故障后，处理故障直至恢复正常运行的过程。厂站侧电能计量装置故障处理的主要业务节点有一个：故障处理。

故障处理环节。

a. 什么是故障处理？

故障处理，指厂站侧计量装置发生故障后，处理故障直至恢复正常运行的过程。

b. 故障处理应如何稽查？

稽查方法：审核调查法。审核资料：用电用户计量装置故障工单。

稽查重点：是否正确填写电能计量装置故障工单；现场设备、装拆工单、营销系统、计量信息是否相同。

c. 故障处理环节的主要稽查关键点有哪些？

（a）检查故障处理过程是否符合要求：

a）当厂站侧电能计量装置发生故障时，计量中心是否进行故障处理。网级关口、省级关口电能计量装置发生故障后，由地市级计量中心运维班组派员到场配合网级计量中心、省级计量中心技术人员处理；地市级和县级关口、电力客户计费点由市场营销人员联系相关方一同到场处理。

b）是否填写用户计量装置故障工单，仔细核对计量点信息，对计量装置接线进行检查，现场做好带负荷测试。造成电能表失压、失流故障的，依据电能表事件记录，提取电能表故障时段内的电能量参数，做好相应现场检验测试记录以及数据的储存及备份。

（b）电能计量装置故障处理时间要求：

a）各级电网关口电能计量故障的处理时间原则上为5个工作日，其他电网计量考核点故障的处理时间为7个工作日。

b）影响客户正常用电的高压电力客户计量故障的处理时间为3个工作日，低压电力客户计量故障的处理时间为7个工作日。

c）紧急缺陷的处理时间不超过24小时。导致一类电能计量事件的重大缺陷处理时间原则上不超过3个工作日，导致二类电能计量事件的重大缺陷处理时间原则上不超过5个工作日，导致三类电能计量事件的重大缺陷处理时间原则上不超过7个工作日，一般缺陷的处理时间不超过20个工作日。

d）所有故障及差错处理资料均应在3个工作日内归档。

（14）什么是电能计量装置故障电量退补？包括哪些主要业务节点？

电能计量装置故障电量退补，指电能计量装置故障造成计量差错，对用电客户、关口点交易方确认退补电量的处理程序。电能计量装置故障电量退补的主要业务节点有三个：收集数据、提出电量退补方案、计算退补电量。

1）收集数据环节。

a. 什么是收集数据？

收集数据，是指对于存在计量装置故障需要电量退补嫌疑的用户，收集有关检修记录、运行值班记录、故障现象记录、表计自身事件与负荷记录、计量自动化系统记录、营销系统抄表记录以及现场检查情况等数据。

b. 收集数据应如何稽查？

稽查方法：审核调查法。审核资料：电能计量装置现场运行记录、计量自动化系统负荷数据记录、营销系统抄表核算和账单模块抄表记录。

稽查重点：故障追补资料是否准确、齐全，负荷数据等资料是否通过客户签名确认。

c. 收集数据环节的主要稽查关键点有哪些？

（a）检查故障追补资料是否包含以下内容：检修记录、运行值班记录、故障现象记录、表计自身事件与负荷记录、计量自动化系统记录、营销系统抄表记录以及现场检查等情况。

(b) 检查现场收集的原始数据是否有客户方签字确认。

(c) 检查计量装置追补工单填写是否规范，是否记录故障、差错发生的时间、计量点、经过及现场处理情况。

2) 提出电量退补方案环节。

a. 什么是提出电量退补方案?

提出电量退补方案，指电能计量装置发生计量差错，应根据不同的电能计量装置故障类型编制电量退补方案。

b. 提出电量退补方案应如何稽查?

稽查方法：审核调查法。审核资料：电量退补方案。

稽查重点：电量方案编制时限、内容是否符合要求。

c. 提出电量退补方案环节的主要稽查关键点有哪些?

(a) 检查电量退补方案编制时间，是否在故障处理后 2 个工作日内编制电量退补方案。

(b) 检查是否根据以下故障类型进行编制方案：

a) 电能表、互感器误差超差和二次回路电压降超出允许范围。

b) 电能表故障导致无法计量。

c) 计量一次设备故障、二次回路失压失流和接线错误导致计量差错。

3) 计算退补电量环节。

a. 什么是计算退补电量?

计算退补电量，指由于电能计量装置故障造成计量差错致使计量记录不准或出现差错，按规定计算退补电量的电费。

b. 计算退补电量应如何稽查?

稽查方法：审核调查法。审核资料：电能计量装置故障确认单、计量装置装拆单、营销系统抄表核算和账单模块电量退补工单。

稽查重点：故障的起止时间是否正确，计算退补电量是否正确，设有主、副电能表的计量点，只要主电能表不超差，是否以其所计电量为准；主电能表超差而副表不超差时，是否以副电能表所计电量为准；两者都超差时，是否以主电能表的误差计算退补电量。

c. 计算退补电量环节的主要稽查关键点有哪些？

（a）检查计费计量的互感器、电能表的误差及其连接线电压降超出允许范围或其他非人为原因致使计量记录不准时，是否按下列规定退补相应电量的电费：

a）互感器或电能表误差超出允许范围时，退补时间从上次校验或换装后投入之日起至误差更正之日止的二分之一时间计算。

b）连接线的电压降超出允许范围时，以允许电压降为基准，按验证后实际值与允许值之差补收电量。补收时间从连接线投入或负荷增加之日起至电压降更正之日止。

c）其他非人为原因致使计量记录不准时，以客户正常月份的用电量为基准退补电量，退补时间按抄表记录确定。

（b）检查用电计量装置接线错误、熔断器熔断、倍率不符等原因，使电能计量或计算出现差错时，是否按下列规定退补相应电量的电费：

a）计费计量装置接线错误的，退补时间从上次校验或换装投入之日起至接线错误更正之日止。

b）电压互感器熔断器熔断的，按规定计算方法计算值补收相应电量的电费；无法计算的，按正常月与故障月的差额补收相应电量的电费。

c）计算电量的倍率或铭牌倍率与实际不符的，以实际倍率为基准，按正确与错误倍率的差值退补电量，退补时间以抄表记录为准确定。

三、抄核收业务稽查

1 抄核收业务稽查的定义和意义

（1）什么是抄核收？

抄核收是指从电力营销管理信息系统形成抄表数据到收费销账的一系列业务过程，包括表计数据抄录、电量电费计算、核算、收费以及为保证电费及时准确回收的其他相关过程。抄核收业务是电价电费管理工作的基础工作，是电力企业业务体系的核心部分，是营销业务流程的重要一环，随着供电企业市场化步伐的加快，抄核收业务水平与工作质量水平直接关系到电力企业的收益情况。抄核收业务内容决定了其在电力企业窗口服务的重要位置，其服务质量水平直接影响到客户对电力企业满意度的高低。因此，为确保抄核收业务向客户提供高效、优质的服务，必须强化管理，加大稽查力度。

（2）什么是抄核收业务稽查？开展抄核收业务稽查有什么意义？

抄核收业务稽查是对供电公司营销部门在电价管理和电费管理方面贯彻国家有关政策的执行情况进行检查，按照抄核收管理规定，对抄表、核算和收费工作的质量做出客观的评价，以防止电费差错和流失，保证电费资金安全，确保抄表实抄率、抄表差错率的真实、可靠，确保各种统计报表数据的及时性、真实性和准确性。通过及时发现存在的问题，分析问题产生的原因，并有针对性地提出整改意见，制订防范措施，对促进抄核收业务工作质量的提高，起到了积极的保障作用。

（3）抄核收业务稽查的作业关键环节包括哪些？

抄核收业务稽查的作业关键环节如下：

1）抄表区段及抄表计划管理，主要业务节点包括：调整抄表路线顺序、调整申请、抄表区段维护、制订抄表计划。

2）抄表数据获取和验证，主要业务节点包括：远程获取抄表数据、下载抄表数据。

3）电费核算，主要业务节点包括：计算电费并验证、人工审核异常情况、修改数据。

4）非周期性计费，主要业务节点包括：申请非周期性计费业务。

5）账单生成及派送，主要业务节点包括：派送电子账单、打印账单并派送。

6）电费催收，主要业务节点包括：一级催收、二级催费、三级催费。

7）政策性电费退补，主要业务节点包括：退补电费计算并复核。

8）冲正退补，主要业务节点包括：冲正退补申请、冲正退补处理。

9）电量电费退补，主要业务节点包括：电量电费退补申请、电量电费退补处理。

10）营业网点前台收费，主要业务节点包括：收费、日结。

11）银行代扣，主要业务节点包括：电费代扣信息的生成和发送。

12）客户转账付款，主要业务节点包括：确认并收费。

13）预售/预收，主要业务节点包括：确定预售预收客户。

14）电费发票管理，主要业务节点包括：发票发放与领用、发票打印、发票作废。

15）坏账核销，主要业务节点包括：坏账核销客户筛选及收集、汇总核销依据及送审、核销标注。

2 抄核收业务的稽查关键点

（1）什么是抄表区段及抄表计划管理？包括哪些主要业务节点？

抄表区段及抄表计划管理，是指根据业务需求，对抄表区段及抄表计划等进行维护，确保抄表工作安排的合理性、经济性。抄表区段及抄表计划管理的主要业务节点有四个，分别是：调整抄表路线顺序、调整申请、抄表区段维护、制订抄表计划。

1）调整抄表路线顺序环节。

a. 什么是调整抄表路线顺序？

调整抄表路线顺序包括新建抄表区段、调整抄表区段和注销抄表区段三种业务类型。不同抄表方式的客户原则上不可以编在一个抄表区段中；10kV线路关口表和台区总表原则上应单独设置抄表区段；客户所属抄表区段进行调整后，正在发行中的客户数据、历史数据仍保持在原来抄表段；新增或调整的抄表区段经确认后，应在抄表计划生成前提交到电费核算部门。

b. 调整抄表路线顺序应如何稽查？

稽查方法：询问访谈法，访谈对象为供电分局抄核收班班长、班员；审核调查法，审核资料为抄表计划、抄表区段新增、调整、注销审批记录。

稽查重点：重点了解抄表计划制订是否符合抄表线路顺序，审核抄表线路顺序调整依据是否符合实际情况和管理要求。

c. 调整抄表路线顺序环节的主要稽查关键点有哪些？

（a）询问访谈抄核收班长如何调整抄表线路顺序，班员是否根据抄表现场实际提出调整需求。

（b）审核资料抄表计划、抄表区段新增、调整、注销审批记录，检查审核抄表区段调整信息是否符合以下要求：

a）新建抄表区段：是否按分线分台区要求新建抄表区段；新建抄表段制订是否合理；相关领导是否按流程规定进行审批。

b）调整抄表区段：是否在当月抄表周期内及时提出申请；调整时是否综合考虑以下因素：①管理单位；②客户类型；③抄表方式；④分线分变；⑤地理环境；⑥便于线损管理等。相关领导是否按流程规定进行审批。

c）注销抄表区段：是否提出申请；注销抄表区段中客户是否全部转移，无任何客户信息。

2）调整申请环节。

a. 什么是调整申请？

调整申请是指根据业务需求，申请调整抄表区段等事项。

b. 调整申请应如何稽查？

稽查方法：询问访谈法，访谈对象为供电分局抄核收班班长、班员；审阅调查法，审核资料为营销管理信息系统抄表核算和账单模块抄表区段修改日志、抄表区段信息、调整申请表。

稽查重点：重点审核申请信息以确认调整方案是否合理、营销系统调整的区段是否与申请信息一致。

c. 调整申请环节的主要稽查关键点有哪些？

（a）询问访谈抄核收班长申请调整的流程，班员是否根据抄表现场实际提出调整需求。

（b）审核营销系统抄表核算和账单模块抄表区段修改日志、抄表区段信息、调整申请表等资料是否符合以下要求：

a）是否建立调整日志。调整日志内容应包括：原抄表段编号、调整后抄表段编号、调整日期、调整人员、调整原因等内容。

b）调整原因是否全面、合理。内容应包括：抄表执行情况反馈、抄表人员轮换要求、抄表工作量统计情况。

c）相关领导对抄表人员调整是否进行审批。

3）抄表区段维护环节。

a. 什么是抄表区段维护？

抄表区段维护是指根据已通过审批的申请工作单进行的抄表区段信息维护，维护信息包括抄表区段编号、抄表区段名称、抄表方式、抄表周期、抄表例日、抄表员等信息。

b. 抄表区段维护应如何稽查？

稽查方法：询问访谈法，访谈对象为供电分局抄核收班班长；审阅调查法，审核资料为已审批的客户抄表区段调整申请，营销管理信息系统查询近期新装、变更、销户工作单，客户综合档案。

稽查重点：重点检查用户办理业扩新装、变更、销户等业务后是否及时维护抄表区段，维护流程是否规范。

c. 抄表区段维护环节的主要稽查关键点有哪些？

(a) 询问访谈抄核收班长如何开展对新装、变更、销户等用户的抄表区段维护工作，是否符合制度管理要求。

(b) 在营销系统查询近期新装、变更、销户工作单，客户综合档案，检查是否根据业扩管理相关流程获取的用户供电电源信息、计量装置的信息、用户信息，及时维护抄表区段信息，包括抄表区段编号、抄表区段名称、抄表方式、抄表周期、抄表例日、抄表员、抄表区段及所管理用户间的对应关系等。

(c) 抽查近期办理业扩新装、变更、销户等业务的用户，是否根据已通过审批的申请资料在系统进行抄表区段信息维护，维护信息包括抄表区段编号、抄表区段名称、抄表方式、抄表周期、抄表例日、抄表员等信息。重点核查新装户是否存在抄表区段、周期为空的情况。

4) 制订抄表计划环节。

a. 什么是制订抄表计划？

制订抄表计划是指根据抄表区段信息，结合计划抄表月份的节假日、工作日变动等特殊情况，制订月度抄表计划的过程。

b. 制订抄表计划应如何稽查？

稽查方法：询问访谈法，访谈对象为供电分局抄核收班班长；审阅调查法，审核资料为抄表计划、营销管理信息系统客户综合档案抄表信息。

稽查重点：重点抽查营销系统中部分专用变压器用户、非专用变压器用户的抄表记录，审核是否按抄表计划履行抄表工作，抄表例日是否严格执行。

c. 制订抄表计划环节的主要稽查关键点有哪些？

（a）询问访谈抄核收班班长如何制订和调整抄表计划。

（b）检查抄表计划是否经相关领导审批；是否建立抄表计划调整日志，日志内容是否完整（内容应包括：原抄表计划日、调整后抄表计划日、调整原因、调整日期、申请人员、调整人员等内容）；抄表计划调整或变更是否经相关领导审批和公示，并通知相关客户。

（c）在营销系统客户综合档案抽查部分用户抄表信息，检查是否严格按照抄表例日抄表与抄表计划相符。

（2）什么是抄表数据获取和验证？包括哪些主要业务节点？

抄表数据获取和验证，是指远程抄表或抄表员现场通过手持抄表器、抄表单、抄表卡抄录表计示数并验证的过程。抄表数据获取和验证的主要业务节点有两个：远程获取抄表数据、下载抄表数据。

1）远程获取抄表数据环节。

a. 什么是远程获取抄表数据？

远程获取抄表数据是指通过计量自动化系统（包括负荷控制系统和集抄系统）获取电能表示数的过程。

b. 远程获取抄表数据应如何稽查？

稽查方法：询问访谈法，访谈对象为供电分局抄核收班班员；审阅调查法，审核资料为远程抄表用户现场核对记录。

稽查重点：重点审核是否定期对远程抄表用户进行现场核对；集抄出现错误或异常时，是否及时补抄。

c. 远程获取抄表数据环节的主要稽查关键点有哪些？

（a）询问访谈抄核收班班员是否清楚远程抄表用户现场核对的工作要求。

（b）审核远程抄表用户现场核对记录是否与规定相符。对新采用自动化抄表的客户，前2个抄表周期做到每月到现场核对数据；对已正常实行远程抄表或集中抄表的电力客户，做到至少每3个抄表周期对现场计费电能表记录数据进行一次现场核对；对连续2个抄表周期出现抄表数据为零度的非居民客户，现场核实客户的抽取比例不少于80%；对连续2个抄表周期出现抄表数据为零度的居民客户，现场核实客户的抽取比例不少于20%；在抄表例日无法正确抄录数据时，在抄表例日起的一天内完成现场补抄。

2）下载抄表数据环节。

a. 什么是下载抄表数据？

下载抄表数据是指通过正确设置抄表机参数，如型号、品牌、端口、通信波特率，设置抄表机处于通信正常状态，将抄表任务对应的抄表数据下载到抄表机的过程。

b. 下载抄表数据应如何稽查？

稽查方法：询问访谈法，访谈对象为供电分局抄核收班班长、班员；审阅调查法，审核资料为抄表计划、营销管理信息系统客户综合档案抄表信息。

稽查重点：重点审核抄表计划与抄表信息是否一致。

c. 下载抄表数据环节的主要稽查关键点有哪些？

（a）询问访谈抄核收班班员是否清楚如何下载抄表数据及其工作要求。

（b）审核资料抄表计划及营销系统客户综合档案抄表信息，检查下载抄表数据管理是否规范：下载抄表数据到手持抄表器是否在规定时限内完成；下载完成后是否检查抄表数据完整性；下载抄表数据时是否以营销系统时钟同步抄表器时钟；抄表员手持抄表器抄表时，抄表器是否自动记录抄表的明确时间。

（c）检查抄表数据管理符合要求，具体包括：是否正确设置抄表机参数，如型号、品牌、端口、通信波特率，设置抄表机处于通信正常状态。是否将抄表任务对应的抄表数据下载到抄表机。根据抄表计划抽查用户营销系统综合档案抄表信息，核对是否存在随意调整抄表例日的情况。

（3）什么是电费核算？包括哪些主要业务节点？

电费核算，是指对客户的应收电量、电费进行计算、复核的过程。电费的计算与复核的主要业务节点有三个：计算电费并验证、人工审核异常情况、修改数据。

1）计算电费并验证环节。

a. 什么是计算电费并验证？

计算电费并验证是指根据用户的计费信息进行电量电费计算，并对计费结果进行电量、电费相关计费项目的正确性验证的过程。

b. 计算电费并验证应如何稽查？

稽查方法：询问访谈法，访谈对象为客户服务中心核算班员；审阅调查法，审核资料为异常清单、营销管理信息系统客户综合档案抄表结算复核单；现场核查法，对异常用户现场的计量装置、电表行度、用电经营等情况进行检查。

稽查重点：重点审核核算班员对复核工作涉及的因素、复核项目和范围是否清楚，根据异常清单对电量电费异常波动的用户进行重点核查，检查是否复核到位。

c. 计算电费并验证环节的主要稽查关键点有哪些？

（a）询问访谈客户服务中心核算班员如何进行复核工作，是否清楚业扩报装业务客户抄表数据复核工作涉及因素，应包括以下内容：①客户电能表位置；②电能表起始示数；③电能表编号；④倍率；⑤抄见零电量时，与客户生产经营情况对比是否异常；⑥翻转时表字位与上次示数位数是否相符；⑦无功表电量为零时，电能表是否具有止逆功能；⑧抄录示数与电能表显示数是否一致。

（b）询问了解客户服务中心核算班员审核复核项目和范围，应包括以下内容：①总表电量小于子（分）表电量；②电量波动超过设定值；③抄见电量为零或负值；④与上次抄表比较计费倍率发生变化；⑤总用电量与变压器装见容量（或实际运行的变压器容量）和运行时间的乘积不匹配；⑥执行电价发生变化；⑦变损计收是否符合要求；⑧基本电费计算是否符合要求；⑨功率因数调整电费计算是否符合要求。

（c）抽取异常清单复核结果为无异常的用户进行核查，根据异常原因核对用户抄表结算复核单的计费是否正确，或到用户现场确认计量信息与系统是否一致，用户用电经营情况是否符合电量波动规律。

2）人工审核异常情况环节。

a. 什么是人工审核异常情况？

人工审核异常情况是指对于由营销管理系统根据预先设定的审核规则

自动筛选出的电量电费异常客户，由核算员逐一审核异常的过程。

b. 人工审核异常情况应如何稽查？

稽查方法：审阅调查法。审核资料：异常清单、营销系统客户综合档案抄表结算复核单。

稽查重点：根据异常清单，重点审核抄核收班是否对异常清单进行复核（包括现场复核）和修正；抽查营销管理信息系统中的部分退补电费记录、电量电费异常波动用户，审核电费异常复核和异常处理是否有效落实。

c. 人工审核异常情况环节的主要稽查关键点有哪些？

（a）审查零电量客户资料关键信息是否规范：

a）零电量客户管理资料符合相关规定要求。内容包括：①每个抄表周期对零电量客户进行统计，包括正常的零电量客户、属窃电的零电量客户、属计量故障的零电量客户、属抄表责任的零电量客户、其他原因造成零电量客户。②制订零电量客户的现场抽查计划。③零电量客户检查按计划完成。④对远程抄表连续 2 个抄表周期零电量居民客户现场抽查比例不低于 20%。⑤对远程抄表连续 2 个抄表周期零电量非居民客户现场抽查比例不低于 80%。

b）零电量客户现场检查要符合相关规定要求。内容包括：①对现场发现的问题进行记录登记；②对于现场情况复杂或原因不清晰的，及时上报并要求相关部门配合处理。

（b）审查抄表异常资料是否规范：及时发现抄表异常情况并全面记录，包括：①电能表损坏；②电能表停走；③电能表空走；④电能表倒走；⑤电能表卡字；⑥电能表失压；⑦电能表失流；⑧电能表封印缺失，电能表丢失；⑨客户违约用电；⑩客户窃电；⑪客户用电量与现场实际不符或电量波动异常，突增或突减；⑫客户档案信息不准确或不完整；⑬有表无卡；⑭有卡无表；⑮其他异常（例如：户表箱门、锁损坏或被盗；户表箱零线端子排、电表接线桩头、瓷插熔断器桩头接触不良发热；公用变压器、低压电网、10kV 线路安全绝缘距离不够，以及电杆倾斜、拉线被盗等安全隐患；客户在供用电线路及其他供电设施下违章倒土、违章建设或施工危及电网安全等）。

（c）检查营销系统客户综合档案抄表结算，是否对已发现异常情况进行汇总并上报；是否对抄表异常进行统计和分析，并对抄表异常情况进行跟踪处理。

3）修改数据环节。

a. 什么是修改数据？

修改数据是指对于抄表异常数据经过核实后，对错误数据进行更正的过程。

b. 修改数据应如何稽查？

稽查方法：审阅调查法。审核资料：电费异常复核清单、营销管理信息系统客户综合档案抄表结算复核单。

稽查重点：重点审核电量电费/抄表数据维护是否及时修正，流程是否规范。

c. 修改数据环节的主要稽查关键点有哪些？

根据电费异常复核清单进行抽查，检查抄核收班人员是否在规定时限内按核实结果修正抄表数据，并经核实无误后回复核算人员进行重新复核计算。

（4）什么是非周期性计费？包括哪些主要业务节点？

非周期性计费，是指根据业扩业务或客户需求等情况，对客户在非正常抄表例日进行抄表计费和出账的过程。非周期性计费的主要业务节点有一个：申请非周期性计费业务。

申请非周期性计费业务环节。

a. 什么是申请非周期性计费业务？

申请非周期性计费业务是指根据业扩、用电检查等业务（例如：改类、销户、过户等）引起客户计费信息发生变化而发起的非周期性计费。

b. 申请非周期性计费业务应如何稽查？

稽查方法：审阅调查法。审核资料：营销管理信息系统的非周期性抄表计费工作单。

稽查重点：重点核查是否发起非周期性计费、计费是否正确。

c. 申请非周期性计费业务环节的主要稽查关键点有哪些？

核查营销系统的工作单，检查根据业扩、用电检查等业务（例如：改类、销户、过户等）引起客户计费信息发生变化的工作单是否发起非周期性计费；申请非周期计费业务，是否登记申请客户的客户编号、客户名称、用电地址、申请抄表日等信息，并记录非周期性计费的原因。

（5）什么是账单生成及派送？包括哪些主要业务节点？

账单生成及派送，是指对客户电费账单的处理过程，包括电费发行、生成客户账单、打印和派送。账单生成及派送环节的主要业务节点有两个：派送电子账单、打印账单并派送。

1）派送电子账单环节。

a. 什么是派送电子账单？

派送电子账单是指对客户电费账单的处理过程，包括电费发行、生成客户账单、打印和派送。

b. 派送电子账单应如何稽查？

稽查方法：审阅调查法，审核资料为营销系统账单管理模块电子账单发送及反馈情况、客户投诉工单；询问访谈法，访谈对象为抄核收班班员。

稽查重点：重点检查电子账单发送不成功是否及时处理。

c. 派送电子账单环节的主要稽查关键点有哪些？

查询营销系统账单管理模块电子账单发送及反馈情况，是否存在发送不成功情况；如存在相关投诉工单，询问抄核收班班员是否进行排查处理，及时更新制订电子账单的客户信息，正确录入客户的账单派送方式信息，保证电子账单送达的实时性、准确性和送达率。

2）打印账单并派送环节。

a. 什么是打印账单并派送？

打印账单并派送是指通过营销管理系统打印客户电费账单并派送的过程。

b. 打印账单并派送应如何稽查？

稽查方法：审阅调查法。审核资料：抄表计划、营销系统账单管理模块账单打印记录、客户投诉工单。

稽查重点：重点审核是否根据客户需求按抄表计划的派单日期打印账单。

c. 打印账单并派送环节的主要稽查关键点有哪些？

核查是否存在关于未收到账单的客户投诉，查阅营销系统客户档案信息是否要求派送账单，核对账单管理模块打印记录是否未打印，已打印的派送日期是否与抄表计划一致。

（6）什么是电费催收？包括哪些主要业务节点？

电费催收，是指供电企业对逾期未交费的客户催缴电费的过程。电费催收环节的主要业务节点有三个：一级催收、二级催费、三级催费。

1）一级催收环节。

a. 什么是一级催收？

一级催收，是指以不到现场的方式进行催收的过程。

b. 一级催收应如何稽查？

稽查方法：询问访谈法，访谈对象为供电分局抄核收班班长、班员；审阅调查法，审核资料为用户欠费明细表、催收记录、营销系统收款催收管理模块。

稽查内容：重点查询是否设置催收策略，催收策略是否符合工作规范。

c. 一级催收环节的主要稽查关键点有哪些？

（a）询问访谈抄表员是否熟悉催收流程，催费前是否及时核对更新欠费信息。

（b）查阅催收记录，是否在规定时间内将催缴电费信息通知客户。

（c）查阅营销系统收款催收管理模块，是否按欠费情况设置催收策略，欠费客户是否分配了催费段并落实催费责任人，并通过访谈抄表班班长核对未分配催费段客户的原因是否属实，催费情况汇总报表电费回收率是否与上报报表相符。

2）二级催费环节。

a. 什么是二级催费？

二级催费，是指以到现场的方式进行催收的过程。

b. 二级催费应如何稽查？

稽查方法：询问访谈法，访谈对象为供电分局抄核收班班员；审阅调查法，审核资料为用户欠费明细表、营销系统收款催收管理模块。

稽查重点：重点审核用户欠费明细、催收记录是否与二级催费要求相对应。

c. 二级催费环节的主要稽查关键点有哪些？

询问访谈抄表员在催费前是否及时核对更新欠费信息，根据用户欠费明细表，查阅相应用户催收记录，是否已进行一级催收，如已进行核查抄表员是否按时打印并及时派发催缴电费通知单。

3）三级催费环节。

a. 什么是三级催费？

三级催费，是指采取停电方式进行催收的过程。

b. 三级催费应如何稽查？

稽查方法：询问访谈法，访谈对象为供电分局抄核收班班员；审阅调查法，审核资料为用户欠费明细表、营销系统收款催收管理模块、客户综合档案停复电记录、客户投诉工单。

稽查重点：重点审核用户欠费明细、催收记录是否与二级催费要求相对应，停电执行是否符合规范。

c. 三级催费环节的主要稽查关键点有哪些？

询问访谈抄表员在催费前是否及时核对更新欠费信息，根据用户欠费明细表，查阅相应用户催收记录是否已进行一、二级催收，如已进行核查抄表员是否对欠费客户按时发出催缴及停电通知书；在停电前，是否核对客户欠费信息、欠费明细，对已交清欠费的停止催收工作，是否存在相关投诉；欠费停电用户是否按规定执行，查阅营销系统客户综合档案，相应客户是否存在停电记录；询问抄表员在欠费停电的客户清缴电费后是否在当天复电，是否存在相关投诉；停电后客户仍未交清电费是否上报处理。

（7）什么是政策性电费退补？包括哪些主要业务节点？

政策性电费退补，是指因电价政策调整引起的电费退补。政策性电费退补的主要业务节点有一个：退补电费计算并复核。

退补电费计算并复核环节。

a. 什么是退补电费计算并复核？

退补电费计算并复核是指根据电费退补方案，完成用户退补电费计算并复核的过程。

b. 退补电费计算并复核应如何稽查？

稽查方法：审阅调查法。审核资料：电价政策文件、电量电费退补清单、电费结算单。

稽查重点：重点结合电价政策文件调阅计算使用的电价标准版本和起始时间是否与现行电价政策文件相符；抽查涉及调价的各类客户的电量电费明细；退补客户清单。

c. 退补电费计算并复核环节的主要稽查关键点有哪些？

调阅营销系统电价标准版本和起始时间是否与现行电价政策文件相符；电价政策文件涉及调价的范围执行是否正确。抽查涉及调价的各类客户的电量电费明细；退补客户清单；按照电价政策文件规定的起始时间执行退补电费；不存在政策性退补电费的计算方式和过程执行错误；完成电费计算以后是否进行审核并确保电费退补准确；退补业务处理完成及时率是否达到100%。

（8）什么是冲正退补？包括哪些主要业务节点？

冲正退补，是指对已完成电费发行有差错的用户，冲销算费结果重算电费，并根据正确的账单对客户进行补收或退费的过程。冲正退补的主要业务节点有两个：冲正退补申请、冲正退补处理。

1）冲正退补申请环节。

a. 什么是冲正退补申请？

冲正退补申请是指是指根据用户历史算费结果确定差错信息，并更正计费信息重新计算电费，形成冲正退补申请方案并进行审批的过程。

b. 冲正退补申请应如何稽查？

稽查方法：审阅调查法，审核资料为营销系统冲正退补工作单，营销管理信息系统客户综合档案抄表结算复核单；现场核查法，对冲正退补用户现场电表止码、计量装置信息、用电性质等信息进行检查。

稽查重点：重点审核冲正退补工单申请环节信息是否齐全、计算是否正确。

c. 冲正退补申请环节的主要稽查关键点有哪些？

（a）查询冲正退补申请工作单，冲正退补申请人员是否按要求填写申请单，申请内容应包括客户编号、客户名称、申请人、责任人、差错原因以及冲正退补方案。

（b）查询冲正退补方案编写是否规范，内容应包括用户历史算费信息、调整的参数以及更正后重新计算的数据。

(c) 查询营销管理信息系统客户综合档案抄表结算复核单是否存在损耗分摊、总分表关系等算费关联关系用户，复核关联户是否需要冲正退补。

(d) 对于因抄表原因、计量装置故障、档案差错、违约用电和窃电等原因产生的退补电费，可根据原因描述项目到现场进行对比核查，如电表止码、计量装置信息、用电性质等。

2) 冲正退补处理业务环节。

a. 什么是冲正退补处理？

冲正退补处理是指对已通过审批的冲正退补申请进行发行，并根据正确的账单对客户进行补收或退费的过程。

b. 冲正退补处理应如何稽查？

稽查方法：审阅调查法。审核资料：电费台账、营销系统冲正退补工作单。

稽查重点：重点审核电费台账信息是否与冲正退补后相符。

c. 冲正退补处理业务环节的主要稽查关键点有哪些？

(a) 查阅营销系统冲正退补工作单审批环节是否规范：冲正退补处理审批不通过是否清晰填写原因；审批通过后，是否对电量电费发行后发现的错误进行应收冲正；在冲正退补复核环节确认营销管理信息系统用户各项数据信息是否正确；当涉及公共分摊电量或力率考核时，电费计算方法和收费情况是否正确；在冲正退补处理环节，如用户当次电费已交纳，是否将已交纳电费转到客户的预付款中或冲抵欠费（与客户协商后）。

(b) 对于因抄表原因、计量装置故障、档案差错、违约用电和窃电等原因产生的退补电费，可根据原因描述项目到现场进行对比核查，如电表止码、计量装置信息、用电性质等。

(9) 什么是电量电费退补？包括哪些主要业务节点？

电量电费退补，是指因档案信息、抄见电量差错、窃电、违约用电及计量故障等引起已发行的客户电量或电费错误，而采取的电量电费差额退补的过程。电量电费退补的主要业务节点有两个：电量电费退补申请、电量电费退补处理。

1) 电量电费退补申请业务环节。

a. 什么是电量电费退补申请？

电量电费退补申请是指根据用户历史算费结果确定差错信息，并更正计费信息重新计算电费，形成差额退补申请方案并进行审批的过程。

b. 电量电费退补申请应如何稽查?

稽查方法：审阅调查法。审核资料：营销管理系统电量电费退补工作单及电量电费退补方案。

稽查重点：重点审核电量电费退补工作单申请环节信息是否齐全、计算是否正确。

c. 电量电费退补申请业务环节的主要稽查关键点有哪些?

（a）审阅电量电费退补资料。退补申请人员要填写申请单，申请内容应包括客户编号、客户名称、申请人、责任人、差错原因、更正的用户表示数、电量、电价等计费信息以及差错退补方案。

（b）对于电量正确、电费出错的情况，是否根据出错客户的抄表日期、用户类别、电压等级、电价类别等，按差价计算差额电费，形成电费差额退补方案。

（c）查询营销管理信息系统客户综合档案抄表结算复核单是否存在损耗分摊、总分表关系等算费关联关系用户，复核关联户是否需要电量电费退补。

（d）对于因抄表原因、计量装置故障、档案差错、违约用电和窃电等原因产生的退补电费，可根据原因描述项目到现场进行对比核查，如电表止码、计量装置信息、用电性质等。

2）电量电费退补处理业务环节。

a. 什么是电量电费退补处理?

电量电费退补处理是指已通过审批的电量电费退补申请进行发行，并根据正确的账单对客户进行补收或退费的过程。

b. 电量电费退补处理应如何稽查?

稽查方法：审阅调查法。审核资料：电费台账、营销管理系统电量电费退补工作单。

稽查重点：重点审核电费台账信息与电量电费退补后是否相符。

c. 电量电费退补处理业务环节的主要稽查关键点有哪些?

（a）查阅营销系统电量电费退补工作单审批环节是否规范：电量电费

退补处理审批不通过是否清晰填写原因；审批通过后，是否对电量电费发行后发现的错误进行退补；电量电费退补审核时在营销管理信息系统用户各项数据信息是否正确；当涉及公共分摊电量或力率考核时，电费计算方法和收费情况是否正确；如用户当次电费已交纳，是否将已交纳电费转到客户的预付款中或冲抵欠费（与客户协商后）。

（b）对于因抄表原因、计量装置故障、档案差错、违约用电和窃电等原因产生的退补电费，可根据原因描述项目到现场对电表止码、计量装置信息、用电性质等进行对比核查。

（10）什么是营业网点前台收费？包括哪些主要业务节点？

营业网点前台收费，是指收费员在供电营业网点收取客户电费，并完成轧账、日结的过程。营业网点前台收费的主要业务节点有两个：收费、日结。

1）收费环节。

a. 什么是收费？

收费，是指以现金、支票机 POS 机刷卡等方式收取客户电费、违约金的过程。

b. 收费应如何稽查？

稽查方法：审阅调查法。审核资料：收费清单、确认记录。

稽查重点：重点审核客户缴费金额是否与营销系统应收金额一致。

c. 收费环节的主要稽查关键点有哪些？

（a）检查收费确认记录，营销系统客户名称、客户编号、账户等信息是否正确，输入实收金额是否与票据相符，避免错收。

（b）检查收费清单，滞纳金是否按标准收取；电费滞纳金的减免是否附带申请材料。

（c）检查抹账并已打印的发票是否收回作废。

（d）营业收费网点是否建立录像监控系统及 110 报警设备等保证人员和资金安全的措施。

2）日结环节。

a. 什么是日结？

日结，是指汇总营业网点各收费员的当日轧账信息。

b. 日结应如何稽查？

稽查方法：审阅调查法。审核资料：日结报表、收费凭证、银行转账单等缴费票据、复核记录。

稽查重点：重点核对日结报表中各分栏数据与账单金额数据、电费发票存根联是否相符；复核记录是否有复核人员签字。

c. 日结环节的主要稽查关键点有哪些？

（a）检查收费员提交的“扎账汇总表”、收费凭证、银行进账单、发票存根、作废发票等信息是否一致；如存在不一致是否进行原因查找并处理。

（b）检查“电费日结表”与“扎账汇总表”是否一致；如存在不一致是否进行原因查找并处理。

（c）检查日结报表、发票登记表、各类票据是否交复核员复核，复核记录是否有复核人员签字。

（11）什么是银行代扣？包括哪些主要业务节点？

银行代扣，是指根据代扣协议由银行代为扣取客户电费。银行代扣的主要业务节点有一个：电费代扣信息的生成和发送。

电费代扣信息的生成和发送环节。

a. 什么是电费代扣信息的生成和发送？

电费代扣信息的生成和发送，是指根据客户档案及应收电费信息，自动筛选形成银行代扣文件/实时数据，并将代扣文件或实时数据和银行进行交互的过程。

b. 电费代扣信息的生成和发送应如何稽查？

稽查方法：审阅调查法。审核资料：客户投诉工单、银行返回代扣信息、营销系统收费模块电费代扣信息、客户综合档案。

稽查重点：重点审核银行返回代扣信息、客户档案基本信息、银行账户信息与电费代扣信息是否相一致。

c. 电费代扣信息的生成和发送环节的主要稽查关键点有哪些？

（a）对照银行返回代扣信息、营销系统收费模块电费代扣信息，核对是否与客户综合档案银行账户信息一致。

（b）是否存在因电费出错或其他原因不可划扣造成的客户诉求，是否及时通知银行，避免扣错。

（12）什么是客户转账付款？包括哪些主要业务节点？

客户转账付款，是指客户通过转账的方式支付电费的过程。客户转账付款的主要业务节点有一个：确认并收费。

确认并收费环节。

a. 什么是确认并收费？

确认并收费，是指根据客户提供的进账单或网上银行电子回单信息在营销管理系统进行收费操作。

b. 确认并收费应如何稽查？

稽查方法：审阅调查法。审核资料：客户提供的进账单或网上银行电子、营销系统客户综合档案实收和缴款信息、确认记录。

稽查重点：重点审核客户是否根据客户提供的单据及时确认收费。

c. 确认并收费环节的主要稽查关键点有哪些？

（a）在营销系统账单池查询是否存在未对账的账单；是否出现因未及时根据提供的进账单或网上银行电子账单进行收费操作造成多计违约金，引起客户投诉的情况。

（b）询问访谈营业厅前台收费员通过何方式发现客户重复缴费，对于重复缴费是否转作预收处理。

（13）什么是预售/预收？包括哪些主要业务节点？

预售/预收，是指客户以预付费方式进行电能结算或预先交费。预售/预收的主要业务节点有一个：确定预售预收客户。

确定预售预收客户环节。

a. 什么是确定预售预收客户？

确定预售预收客户，是指对安装了预付费装置或签订了电费结算补充协议的客户进行筛选的过程。

b. 确定预售预收客户应如何稽查？

稽查方法：审阅调查法。审核资料：预收电费客户名单。

稽查重点：重点审查是否依据相关管理制度判断需要预收电费的客户。

c. 确定预售预收客户环节的主要稽查关键点有哪些？

审核预收电费客户名单的建立是否符合制度要求，是否对有以下行为的客户预收电费：欠交电费且催收困难的客户、濒临破产（或破产）的欠费客户、诚信度低的客户、流动性较大或临时用电的客户、新装专用变压器客户。

(14) 什么是电费发票管理？包括哪些主要业务节点？

电费发票管理，是指对发票的需用计划、入库、发放、领用、使用、回缴、保管、销票申请过程的管理。电费发票管理的主要业务节点有三个：发票发放与领用、发票打印、发票作废。

1) 发票发放与领用环节。

a. 什么是发票发放与领用？

发票发放与领用，是指营业人员根据发票领用登记制度，领用发票的过程。发票专用章由各单位财务部负责刻制。各营业网点应设立专人管理派发和监督使用情况，建立领用登记制度，对于多人共用的发票专用章必须指定专人保管并登记领用的时段。

b. 发票发放与领用应如何稽查？

稽查方法：审阅调查法。审核资料：发票领用登记记录。

稽查重点：重点审查发票领用登记记录是否完整。

c. 发票发放与领用环节的主要稽查关键点有哪些？

(a) 发票领用登记记录是否规范。电费发票严格管理，电费发票的领取、核对、作废及保管有完备的登记和签收手续。每月编制电费发票使用报表，内容包括电费发票入库数和起讫号码、领取数和起讫号码、已用数和起讫号码、作废数和发票号码、未用数和起讫号码。

(b) 营业人员领用发票到人，是否存在班组内混用情况。

(c) 增值税票设是否专人管理，负责保管、月度的验票核销工作、打印增值税专用发票用票情况表和增值税专用发票存根联明细表（税控机统计）和开票等工作。每月按时办理增值税专用发票的装订、验票核销工作。增值税专用发票存根联应 25 份装订成一本，并填写完整存根联封面。

2) 发票打印环节。

a. 什么是发票打印？

发票打印，是指营业人员打印开具电费发票的过程。若是增值税专用发票或普通双联发票，打印后的存根联要有专门的场所保管，并按照发票号码的顺序装订，方便发票的查找和审核。

b. 发票打印应如何稽查？

稽查方法：审阅调查法。审核资料：营销系统客户综合档案基本信息、发票电量电费信息与系统电量电费信息、发票明细信息。

稽查重点：重点核查发票电量电费信息与系统电量电费信息、发票明细信息一致性。

c. 发票打印环节的主要稽查关键点有哪些？

审阅营销系统客户档案基本信息、发票电量电费信息与系统电量电费信息，检查发票明细信息是否一致；在开具票据时是否按号码顺序填开；电费发票是否存在虚开、代开和转借、转让；是否存在预收电费提前开具发票情况；是否随意开具红字发票和手写发票情况。

3）发票作废环节。

a. 什么是发票作废？

发票作废，是指将打印不正确、内容有错的发票作废处理的过程。

b. 发票作废应如何稽查？

稽查方法：审阅调查法。审核资料：发票明细表、营销系统客户综合档案发票信息。

稽查重点：重点审查营销管理信息系统发票的使用状态，是否存在作废不规范行为。

c. 发票作废环节的主要稽查关键点有哪些？

审核资料发票明细表及营销系统客户综合档案发票信息，检查发票作废信息是否符合规范：是否存在随意作废发票行为；是否将发票所有联次全部收回并注明“作废”字样；收费员是否存在私自更改发票状态，如未使用、已使用、未使用、作废；内容有错的发票是否保留作废标识。

（15）什么是坏账核销？包括哪些主要业务节点？

坏账核销，是指对符合坏账核销的电费进行申报和账务处理的过程。坏账核销的主要业务节点有三个：坏账核销客户筛选及收集、汇总核销依据及送审、核销标注。

1）坏账核销客户筛选及收集环节。

a. 什么是坏账核销客户筛选及收集？

坏账核销客户筛选及收集，是指根据规范，对符合坏账核销的客户进行筛选及收集的过程。

b. 坏账核销客户筛选及收集应如何稽查？

稽查方法：审阅调查法。审核资料：核销客户明细表、核销证据。

稽查重点：重点审查坏账核销客户的筛选是否符合规范。

c. 坏账核销客户筛选及收集环节的主要稽查关键点有哪些？

根据核销证据判断坏账核销客户的筛选符合规范。

2）汇总核销依据及送审环节。

a. 什么是汇总核销依据及送审？

汇总核销依据及送审，是指根据相关规定，搜集应收电费确实无法收回的依据和相关资料，提交财务部门审批的过程。

b. 汇总核销依据及送审应如何稽查？

稽查方法：审阅调查法。审核资料：核销证据。

稽查重点：重点审查核销证据是否齐全。

c. 汇总核销依据及送审环节的主要稽查关键点有哪些？

根据已制订的报送坏账核销的条件，搜集应收电费确实无法收回的依据和资料，判断客户账户是否符合坏账核销要求。

3）核销标注环节。

a. 什么是核销标注？

核销标注，是指更新并在营销管理信息系统中标注最终坏账核销的账户。各单位建立账销案存管理规定，对已核销的电费坏账建立备查账簿登记，保留继续追索权利，并积极催收。

b. 核销标注应如何稽查？

稽查方法：审阅调查法，审核资料为核销坏账名单、营销系统客户综合档案基本信息。

稽查重点：重点审查核销坏账名单是否在营销系统标注。

c. 核销标注环节的主要稽查关键点有哪些？

审阅核销坏账名单是否有核销证据，是否存在未经上级审批私自核销的情况；检查营销系统客户综合档案基本信息，对应用户是否进行更新，并在系统中标注最终坏账核销的账户。

四、客户服务业务稽查

1 客户服务业务稽查的定义和意义

（1）什么是客户服务？

客户服务指在电力供应过程中，供电企业为满足客户获得和使用电力产品的各种相关需求的一系列活动的总称。具体包括业扩、抄表、收费、用电检查、计量装拆表、95598客户服务、供电抢修等供用电业务。

主要通过95598供电服务热线、实体营业厅、网上营业厅、微信平台、传真等服务渠道，为客户提供方便、快捷的服务。

（2）什么是客户服务业务稽查？开展客户服务业务稽查有什么意义？

客户服务稽查是稽查客户服务的管理制度健全情况和执行情况，以确保客户服务工作优质、高效。优质服务是电力企业的生命线，在新形势下，优质服务工作不仅是全面履行企业社会责任、共建和谐社会的重要组成部分，也是树立良好企业形象、持续提升公司品牌价值、改善公司经营环境的有效手段。国家相继颁布《电力监管条例》、《供电服务监管办法》，对供电服务质量提出了更加明确的要求，供电服务工作已由单纯的企业自律行为逐步转化为依法行政监管的有序行为。

（3）客户服务业务稽查的作业关键环节包括哪些？

客户服务业务稽查的作业关键环节如下：

1）服务环境，主要业务节点包括：外部环境、内部环境、营业时间、形象规范。

2）信息披露，主要业务节点包括：披露内容、披露方式。

3）客户管理，主要业务节点包括：客户分群规则制订、提出认定/调整/取消名单、客户标识。

4）客户诉求管理，主要业务节点包括：客户诉求受理、客户诉求处理。

5）应急管理，主要业务节点包括：应急预案、应急响应、营销应急处置、应急演练。

2 客户服务业务的稽查关键点

（1）什么是服务环境？包括哪些主要业务节点？

服务环境，包括供电企业营业窗口的规范化、标准化设置，现场服务行为规范，营业场所营业时间等内容。主要业务节点有四个：外部环境、内部环境、营业时间、形象规范。

1）外部环境情况。

a. 什么是外部环境？

外部环境是指供电企业营业窗口内外部环境的总称。外部环境直接影响企业形象，通过稽查确保优质的外部环境将提升企业的竞争优势。

b. 外部环境应如何稽查？

稽查方法：现场检查法。检查地点：营业厅。

稽查重点：重点检查营业场所 VI 标识是否符合标准。

c. 外部环境情况的主要稽查关键点有哪些？

（a）通过现场检查，供电企业营业窗口是否科学布点、规范设置，窗口内外部环境是否按照供电营业窗口规范化、标准化、示范化要求来设置。

（b）营业厅外是否在显著位置制作安装营业厅门楣、铭牌、营业时间牌、双面识别灯箱。A、B 类营业厅门楣、双面识别灯箱应使用内发光亚克力吸塑材料制作，每天夜间亮灯时间不得少于 3 小时。C、D 类营业厅门楣、双面识别灯箱可使用铝塑板或喷绘布（3M）制作，有条件的可按照 A、B 类要求制作。

（c）营业厅外所列的标识牌是否醒目清晰，若有污渍、破损、脱落等，应及时清洁或更换。

（d）营业厅外是否适当留有供客户停车的场地。

（e）营业厅外是否有专人定时清理，并保持整洁。

（f）A 类营业厅以及有条件的其他营业厅外是否设置无障碍通道，为残疾人提供方便。

2）内部环境情况。

a. 什么是内部环境？

内部环境，是指营业厅内各种类服务设施如电子显示屏、排队叫号系统、客户评价系统布置和信息公布等。通过稽查内部环境，有效提升营业厅服务水平。

b. 内部环境应如何稽查？

稽查方法：现场检查法。检查地点：营业厅。

稽查重点：检查营业厅对外公布资料和信息是否齐全、是否及时更新，服务设施是否可用。

c. 内部环境情况的主要稽查关键点有哪些？

（a）通过现场检查，营业柜台是否有办理各项业务的标牌，统一制定，定置摆放，是否在显著位置公布工作人员的姓名、照片、岗位和工号。营业厅内是否有明显的禁烟标志。

（b）营业厅是否采取多种形式向客户公示应公布的相关资料。公示方式包括上墙公布、电子显示屏、自助服务终端、宣传折页、展架等。上墙公布的资料是否包括：电价和各项收费标准、服务承诺、报装流程、员工简介表等四种。资料是否及时更新，确保其准确性。电子显示屏公布的相关宣传资料是否采取滚动播放方式。

（c）自助服务终端相关公示资料是否与本单位的营销管理信息系统连接，直接受理客户业务。

（d）宣传折页应统一摆放在资料架，放置在方便客户拿放的位置，免费供客户自行取阅，包括电力法规、电费与电价、业务流程和安全、节约用电常识等。

（e）营业厅应在显著位置公布 95598 供电服务热线、12398 电力监管投诉举报电话和《供电服务监管办法》。

（f）营业厅内各种服务设施如电子显示屏、排队叫号系统、客户评价系统、信息查询设备等应保持正常可用状态，设定维护责任人。

（g）营业厅客户休息区饮用水、饮水杯齐全，书写区纸、笔完好可用，便民箱内物品完好齐全。

3）营业时间公布情况。

a. 什么是营业时间？

营业时间，是指营业厅确定的对外营业的时间。

b. 营业时间应如何稽查?

稽查方法：现场检查法。检查地点：营业厅。

稽查重点：检查营业时间牌是否准确；通过暗访方式，检查是否在规定时间营业。

c. 营业时间公布情况的主要稽查关键点有哪些?

(a) 通过现场检查或暗访，供电营业厅是否实行无午休、无周休营业制度。①无休营业厅：正常工作日、国家调休工作日的营业时间按 8：30—17：30 安排；周六、周日（除调休工作日外），营业时间按 9：30—15：30 安排。②其他营业厅：正常工作日、国家调休工作日的营业时间按 8：30—17：30 安排；周六营业时间按 9：00—12：00 安排。

(b) 通过现场检查或暗访，营业时间是否通过各种渠道对外公布，并严格按照公布的营业时间作息。

4) 形象规范情况。

a. 什么是形象规范?

形象规范，是指营业人员在上班期间按公司相关标准统一着装、统一形象的统称。

b. 形象规范应如何稽查?

稽查方法：现场检查法和暗访方式。

稽查重点：重点检查营业厅工作人员制服着装是否符合要求，是否遵守营业纪律。

c. 形象规范情况的主要稽查关键点有哪些?

(a) 通过现场检查或暗访，检查营业人员是否按照公司 VIS 标准统一着装。服装是否整洁得体，端庄大方，无污渍。

(b) 检查营业人员是否按规定佩戴好统一编号的服务证（牌）。

(c) 检查营业人员在营业时间遵守营业纪律，是否做与工作无关的事。

(2) 什么是信息披露? 包括哪些主要业务节点?

信息披露，指供电企业为了保障用电客户的利益、接受社会公众的监督，而依照国家有关规定将涉及供电服务的有关信息向社会公开的行为。信息披露的主要业务节点有两个：披露内容、披露方式。

1）披露内容管理。

a. 什么是披露内容？

披露内容，是指供电企业应当依照有关规定，主动公开与人民群众利益密切相关的信息。

b. 披露内容应如何稽查？

稽查方法：现场检查法。检查地点：营业厅。

稽查重点：营业厅是否有公示及更新用电业务办理流程、电价和收费标准和供电服务承诺等；是否可以查阅相关法律法规，以及工程设计、施工、设备供应单位名单。

c. 披露内容管理的主要稽查关键点有哪些？

（a）通过现场检查，凡是符合以下条件之一的供电服务信息，营业厅是否及时披露：①涉及广大用电客户切身利益的。②需要社会公众知晓或参与的。③反映供电企业营业机构设置、职能、办事程序等情况的。④其他依照法律、法规和国家有关规定应当披露的供电服务信息。

（b）通过登录供电营业厅网站，检查信息披露是否全面：①是否包括信息索引、名称、内容概要、生成日期等内容。②是否包括信息的分类、获取方式、信息公开工作机构的名称、办公地址、办公时间、联系电话、传真号码、电子邮箱等内容。③发布内容是否到位、规范，是否及时发布。④供电企业基本情况，包括企业名称、企业性质、办公地址、联系方式、供电营业范围、电力业务许可证（供电类）及编号等。⑤办理用电业务的程序及时限。⑥是否公开执行的最新电价标准和向用户提供有偿服务时收费的项目、标准和依据。⑦是否公开供电企业执行的供电质量标准；是否按季度公布本区域的电压合格率和供电可靠率。⑧是否提前 7 日公告计划检修停电区域、停电线路和停电时间。⑨是否公开供电服务所执行的法律法规及供电企业制订的涉及用户利益的有关管理制度和技术标准。⑩是否公开供电服务承诺和投诉电话。⑪是否公开具备资质的设计、施工和设备供应单位名单。

（c）通过现场检查，营业厅是否披露：①办理用电业务的程序及时限。②是否公开执行的最新电价标准及向用户提供有偿服务时收费的项目、标准和依据。③是否公开执行的供电质量标准；是否按季度公布本区域的电压合格率和供电可靠率。④是否公开供电服务承诺和投诉电话。⑤是否公开具备资质的设计、施工和设备供应单位名单；是否公开客户受电工程及电网供电电源信息。⑥通过现场检查，是否设置意见箱或意见簿。

（d）通过现场检查，是否披露网、省、地业扩举报方式［南方电网举报电子邮箱（nfdwjcb@csg.cn）、广东电网举报专线电话（020－85123110）、各地市局举报专项电话］。

2）披露方式管理。

a. 什么是披露方式？

披露方式，是指供电企业将应当主动公开的信息，通过各种便于公众知晓的途径、渠道公开。

b. 披露方式应如何稽查？

稽查方法：通过现场检查法，重点检查。

稽查重点：是否通过相关渠道披露供电服务信息。

c. 披露方式管理的主要稽查关键点有哪些？

（a）通过现场检查和登录相关网站，披露供电服务信息是否采取以下方式：①中国电力信息公开网（www.12398.gov.cn）。②供电企业门户网站。③供电营业厅（包括上墙资料、电子显示屏、自助终端、宣传折页）、信息发布会。④报纸、电视、广播等新闻媒体。⑤其他便于及时披露信息的方式。

（b）通过现场检查和登录相关网站，供电企业是否按国家有关规定编制并公布信息公开指南和目录，如有变动应及时更新。

（3）什么是客户管理？包括哪些主要业务节点？

客户管理，指供电企业依据《供电营业规则》的有关规定、南方电网公司发布的服务规范，对电力客户根据其重要性、对公司的价值、信用等维度进行细分管理。客户管理的主要业务节点有三个：客户分群规则制订、提出认定/调整/取消名单、客户标识。

1）客户分群规则制订管理。

a. 什么是客户分群规则制订？

客户分群规则制订，是指根据客户的重要性、价值、信用等维度进行组合分类的过程。根据客户的重要性、价值、信用等维度进行组合分类，通过合并分为重要客户、大客户、重点关注客户、居民客户、其他客户等五群客户。

b. 客户分群规则制订应如何稽查？

稽查方法：审阅检查法，查询“营销系统”—“客户关系”模块。

稽查重点：检查客户细分规则是否准确。

c. 客户分群规则制订管理的主要稽查关键点有哪些？

（a）通过查询营销系统，查看是否根据客户的重要性、价值、信用等维度进行组合分类，通过合并分为重要客户、大客户、重点关注客户、居民客户、其他客户等五群客户。

（b）通过查询营销系统，查看重要客户、大客户、重点关注客户、居民客户、其他客户等五群客户，是否参照国家有关规定并结合实际情况进一步细分、甄别具体客户，并在营销系统标注。对于重要客户，是否参照国家有关规定细分为特级、一级重要客户等。对于大客户，是否根据客户用电特点，按行业用电细分为特大客户、一般大客户等。对于重点关注客户，是否根据客户用电安全特性细分为医院、高层楼宇、大型购物娱乐场所等。对于居民客户，是否根据住房用途细分为社区、保障性住房、公租房居民客户等。其他客户由各单位根据实际情况自定。

2）提出认定/调整/取消名单管理。

a. 什么是提出认定/调整/取消名单？

提出认定/调整/取消名单，是指从营销系统中初步筛选出大客户、重点关注客户名单，人工选定后，进行资格提名，提名包括认定、调整和取消的过程。对新装客户，应准确客观地收集、整理客户信息，并及时、准确地录入系统；对分户后的新增户应按照新装客户要求建档，并保留与原客户的档案关系。供电局各级营销部门要对客户信息进行动态维护，每年对客户信息进行一次全面的梳理核查。在日常维护中按例行检查工作机制和周期性检查工作机制及时收集、更新和补充客户信息。重要客户认定由地市级供电单位组织开展，根据政府部门批复的名单进行认定，每年开展一次。大客户认定由各级供电单位组织开展，每年开展一次。重点关注客户、居民客户、其他客户认定由各供电单位组织开展，对发生新增、业务变更、信用等涉及客户分群要素变化的本群客户需重新认定，重新认定按周开展。

b. 提出认定/调整/取消名单应如何稽查？

稽查方法：审阅检查法，查询“营销系统”—“客户关系”模块。

稽查重点：检查客户提名名单是否准确。

c. 提出认定/调整/取消名单管理的主要稽查关键点有哪些？

（a）是否从营销系统中初步筛选出大客户、重点关注客户名单。筛选条件包括：用户名称、用户编号、行业类别、客户分群初选标识、客户分群认定标识、报装容量、电压等级、用电类别、客户信用等级、电价类别、年用电量等客户信息，可进行单条件或多条件的精确或模糊查询。

（b）是否根据筛选出的客户名单，人工选定满足认定条件的大客户、重点关注客户名单，进行资格提名，提名包括认定、调整和取消，选定客户的拟认定分群类别，记录提名原因、提名人、提名时间，并从客户分群初选标识（优先选择）或客户细分认定标识中选择客户的原分群类别。

（c）提名的大客户、重点关注客户名单，内容是否包括用户编号、用户名称、用电地址、供电单位、提名类别（认定、调整、取消）、提名原因、原客户细分类别、拟认定客户细分类别等。重要客户是否按照政府部门批复的名单选定客户。

（d）居民客户名单是否按认定条件由营销系统自动选定。居民客户的细分由各单位自行明确。

（e）业扩新增、业务变更客户及客户信用等级评定信用发生变化的客户，认定时是否能在营销系统中自动优先显示，并可按时间段、用户名称、用户编号、用电类别、客户细分初选标识、客户细分认定标识、报装容量、电压等级、客户信用等级、行业类别等单条件或多条件的精确或模糊查询。

（f）用户新装时，是否能根据设定好的分群规则，自动触发客户分群提名流程。用户用电业务发生变化时，是否能根据设定好的分群规则，自动触发客户分群调整流程。

3）客户标识管理。

a. 什么是客户标识？

客户标识，是指对审批通过的名单，在营销系统中的客户分群认定标识用拟认定客户细分标识对应的分群代码进行标注的过程。每个客户必须有客户细分标识。关于重要客户、大客户、重点关注客户、居民客户、其他客户等五群客户，各单位可参照国家有关规定并结合实际情况进一步细分、甄别具体客户，并在营销系统标注。

b. 客户标识应如何稽查？

稽查方法：审阅检查法，查询“营销系统”—“客户关系”模块。

稽查重点：检查客户分群是否有认定标识、认定标识是否准确。

c. 客户标识管理的主要稽查关键点有哪些？

(a) 审批通过的名单，是否在营销系统中的客户分群认定标识用拟认定客户细分标识对应的分群代码进行标注，并由营销系统自动录入标识人、标识日期等信息，标识日期应为客户细分的生效时间。

(b) 检查每个客户是否有客户细分标识。

(c) 检查客户标识的工作时限是否为 2 个工作日，是否存在超时现象。

(4) 什么是客户诉求管理？包括哪些主要业务节点？

客户诉求，指用电客户通过各种渠道对供电服务提出的需求。主要包括咨询查询、意见、建议、投诉、举报、表扬、业务办理、故障报修等。通过稽查加强和规范客户诉求业务处理过程，建立健全客户诉求会商解决机制，确保公司获取的客户诉求信息真实、完整，并实现及时传递，最终解决客户诉求问题，不断提升客户满意度。主要业务节点有两个：客户诉求受理情况、客户诉求处理情况。

1) 客户诉求受理情况。

a. 什么是客户诉求受理？

客户诉求受理，是指客服人员受理客户提出的咨询查询、意见、建议、投诉、举报、表扬、业务办理、故障报修等请求的过程。

咨询查询：客户查找、询问关于供电服务方面的信息或记录。

意见：客户未明确表达投诉意愿，但由于供电企业内部原因，导致客户对供电服务不满的诉求。

建议：希望供电企业对供电服务有关问题进一步改进完善，并提出具体建议的诉求。

投诉：客户表达投诉意愿，并且由于供电企业内部原因（如工作失误、员工违反规定、工作中的差错等）给客户造成损失或不满的客户诉求。

举报：客户检举和反映违约供（用）电、窃电、盗窃破坏电力设施或公司员工有违反行风纪律等行为的诉求。

表扬：客户对工作人员服务行为的赞赏。

业务办理：客户要求办理用电业务的诉求，包括电话缴费、变更信息、预约上门等各项服务。

故障报修：客户要求提供故障抢修服务的诉求，包括协助处理客户资产故障的诉求。

b. 客户诉求受理应如何稽查?

稽查方法：审阅检查法，查询“营销系统”—“客户服务”模块。

稽查重点：检查工单内容以及电话录音是否与客户诉求一致，是否正确理解客户诉求，是否正确受理业务。

c. 客户诉求受理情况的主要稽查关键点有哪些?

(a) 通过听取电话录音，了解客服人员在服务过程是否使用规范用语，语气和蔼热情，态度诚恳，认真倾听，明晰客户目的，耐心、快速受理客户诉求问题。

(b) 通过查询系统工单，了解客服人员是否在工单上详细、完整、真实、准确录入客户的基本信息，包括用户编号、用电地址、联系人、联系电话等用电相关信息等。

(c) 举报、投诉类工单是否准确记录被举报人地址，是否咨询客户是否需要保密。需要保密的客户，在工作单上明显标明；在流转工作单时，是否屏蔽客户联系信息、录音信息。

(d) 故障抢修类工单是否准确记录到故障地点、到达现场时间、故障修复时间、恢复送电时间等。若多位客户同时反映同一故障点的故障，是否按要求填写抢修工单，其余填写为咨询类工单。

2) 客户诉求处理情况。

a. 什么是客户诉求处理?

客户诉求处理，是指客服人员处理客户提出的查询、意见、建议、投诉、举报、表扬、业务办理、故障报修等请求的过程。

b. 客户诉求处理应如何稽查?

稽查方法：查询“营销系统”—“客户服务”模块。

稽查重点：检查工单处理是否正确、及时、到位。

c. 客户诉求处理情况的主要稽查关键点有哪些?

（a）通过查询系统工单，检查工单处理时限是否符合处理时限要求，如表 3-2 所示。

表 3-2　　客户诉求类别、处理时限要求

诉求类别	处理时限要求	说　　明
咨询查询	自客户服务人员受理工单到处理人员处理完毕并反馈处理结果不超过 1 个工作日	
意见、建议、表扬	自客户服务人员受理工单到处理人员处理完毕并反馈处理结果不超过 5 个工作日	对于不能在时限内处理的问题，应说明整改的具体时间及方案
投诉	从投诉受理之日起，5 个工作日内答复投诉人	对投诉、举报事件复杂（如涉及多方主体、调查取证困难、需专业机构鉴定等）需延期办理的，须告知投诉、举报人延期理由；对上级转办的投诉、举报需延期办理的，应向上级提出延期办理报告及延期时限，并告知投诉、举报人延期理由。延长期限最长不得超过 30 个工作日
举报	从举报受理之日起，10 个工作日内答复举报人	
故障报修	客户服务人员应在 3 分钟内将故障工单下发到业务处理部门（班组）。城市地区供电抢修人员到达现场时间平均 45 分钟，农村地区 90 分钟，特殊边远地区 2 小时。城市地区抢修到达现场后恢复供电平均时间 4 小时，农村地区 5 小时	因天气、交通等特殊原因无法在规定时限内到过现场的，应当向客户解释
业务办理	按照各业务相关规定时限办理	

（b）需要提级处理的工单是否按诉求问题的严重程度分级提级处理：

a）同一客户对同一问题重复投诉 3 次及以上的，服务调度将本问题提级至局领导、公司市场营销部，由公司层面督办。

b）同一客户对同一问题重复投诉 2 次或 2 次处理仍不满意或重复抱怨 5 次及以上的，将本问题提级到专业职能部门处理。

c）对于情况紧急、涉及重要客户或影响企业形象的，服务调度直接提级处理，归口部门在当天内组织处理并反馈处理情况。

d）客户经理提供个性化服务过程中，如需提级处理，则客户经理将客户需求传递至服务调度，由服务调度组织提级到专业职能部门处理。

e）按照调查处理及回访答复结果，判断投诉或行风举报问题是否属实、有效；经判断为无效的工单，传递至服务调度确定更改工单的问题类型。

（5）什么是应急管理？包括哪些主要业务节点？

应急管理，是指针对事故或突发事件的事前预防、事发后的应对、事中的处置以及善后，采取的一系列管理措施与活动的过程。应急管理的主要业务节点有四个：应急预案、应急响应、营销应急处置、应急演练。

1）应急预案环节。

a. 什么是应急预案？

应急预案，是指针对可能发生的事故，为迅速、有序地开展应急行动而预先制订的行动方案。

b. 应急预案应如何稽查？

稽查方法：审阅检查法。

稽查重点：检查是否按风险、配置要求编制应急预案、处置方案，编制、更新情况是否符合要求。

c. 应急预案环节的主要稽查关键点有哪些？

（a）检查是否按总体应急预案要求编制专项应急预案，是否根据本单位现场应急处置方案需求配置编制现场处置方案，应急预案、处置方案编制格式、内容是否符合总体应急预案规定要求。

（b）检查是否按应急预案、处置方案要求建立电力供应事件、客户服务事件的专项应急管理组织机构。

（c）检查应急预案和处置方案变化更新情况，是否开展动态管理，根据应急管理法律法规和有关标准变化情况、电网安全生产形势和问题、应急处置经验教训等，及时评估和改进预案和处置方案内容，增强预案和处置方案的科学性、针对性、实效性和可操作性，提高应急预案和处置方案的质量。

（d）检查应急预案和处置方案复查修订情况，是否每年进行一次复查、修订，每 3～5 年进行一次全面修订；应急预案和处置方案的补充或修订是否严格履行审批程序，并书面通知有关人员，保证应急预案和处置方案的正确、完备和有效。

2）应急响应环节。

a. 什么是应急响应？

应急响应，是指对突发事件进行响应、处理、恢复、跟踪的方法及过程。客户服务应急响应分级，在综合分析客户服务事件的严重程度和影响范围的基础上，将应急响应从高到低分为Ⅰ、Ⅱ、Ⅲ、Ⅳ共四级。

b. 应急响应应如何稽查？

稽查方法：现场检查法，检查供电企业应急响应启动材料、应急值班计划表、应急响应信息报送等材料。

稽查重点：检查客户服务应急响应、电力供应应急响应是否按规定级别进行启动，营销响应值班是否符合规定。

c. 应急响应环节的主要稽查关键点有哪些？

（a）检查客户服务应急响应启动材料，检查响应分级是否在综合分析客户服务事件的严重程度和影响范围的基础上，将应急响应从高到低分为Ⅰ、Ⅱ、Ⅲ、Ⅳ共四级。

（b）检查电力供应应急响应启动材料，检查响应分级是否根据广东电网实际情况，在综合分析电力供应突发事件的严重程度和影响范围的基础上，将电力供应应急响应从高到低分为Ⅰ、Ⅱ、Ⅲ、Ⅳ共四级。

（c）检查应急响应值班记录，是否按客户服务应急响应级别规范安排应急值班：Ⅰ、Ⅱ级响应在客户服务中心值班，Ⅲ、Ⅳ级响应电话值班。

（d）检查应急响应值班记录，是否按电力供应应急响应规范安排值班：Ⅰ、Ⅱ、Ⅲ级响应在应急指挥中心值班，Ⅳ级响应电话值班。

3）营销应急处置环节。

a. 什么是营销应急处置？

营销应急处置，是指应对各类突发事件，组织公司各级营销人员做好应急信息获取与研判、应急响应发布、应急值班、客户解释沟通、营销服务监控、信息动态发布、营销服务调度等工作。应急启动期间，电力供应事件、客户服务事件应急事件的应急处置严格按照电力供应应急预案要求执行，开展营销应急处置工作。

b. 营销应急处置应如何稽查？

稽查方法：现场检查法，检查应急信息报送资料。

稽查重点：应急处置是否严格按照电力供应应急预案要求执行，应急处置信息是否按归档正确填写并报送。

c. 营销应急处置环节的主要稽查关键点有哪些？

（a）检查应急预警信息报送资料，受影响单位是否按应急预案不同响应级别信息报送时限进行信息报送。

（b）应急启动期间，客户服务中心是否组织客服人员短信、电话联系重要客户、重点关注客户，了解重要客户紧急用电需求并上报至本单位客服应急办公室、调通中心、相关配网运维部门。

4）应急演练环节。

a. 什么是应急演练？

应急演练，是指针对突发事件风险和应急保障工作要求，由相关应急人员在预设条件下，按照应急预案规定的职责和程序，对应急预案的启动、预测与预警、应急响应和应急保障等内容进行应对训练。

b. 应急演练应如何稽查？

稽查方法：现场检查法，检查营销演练计划、演练方案、演练材料、演练总结及问题整改材料。

稽查重点：检查供电企业是否按应急演练要求编制计划开展应急演练，演练总结是否齐全规范。

c. 应急演练环节的主要稽查关键点有哪些？

（a）检查应急演练计划是否符合按预案要求频次，应急演练是否按计划进行演练并进行跟踪。

（b）通过现场检查资料，检查是否按预案要求频次开展应急演练，应急演练方案、演练材料、演练总结及问题整改材料是否齐全。

（c）通过现场检查资料，检查演练组织部门是否根据演练记录、应急预案、督导或观摩人员意见或建议、现场点评等内容，对演练进行系统和全面的总结，并形成应急演练总结。应急演练完成后 7 个工作日内，是否由演练策划部门将演练资料报应急办备案。

五、用电检查业务稽查

1 用电检查业务稽查的定义和意义

（1）什么是用电检查？

用电检查，指供电企业为了维护正常的供用电秩序，保障供用电安全，以国家有关电力供应与使用的法律法规、方针、政策和电力行业标准、规范为准则，以事实为依据，安排用电检查人员对用户的安全用电、合法合规用电进行专业性检查与管理的全过程。

（2）什么是用电检查业务稽查？开展用电检查业务稽查有什么意义？

用电检查业务稽查，是检查用电检查工作执行国家相关法律、法规、标准情况以及企业内部的用电检查管理办法、业务标准是否规范，以确保用电检查工作有效运行。用电检查业务稽查包含违约用电查处工作稽查和窃电查处工作稽查两个方面。

违约用电查处工作稽查，是对该环节在维护电力营销市场规范性工作的监督，主要工作内容围绕反窃电和用电检查部门正确执行国家政策、法规的准确性，加强企业内部控制制度的执行，保障企业社会形象和经济利益不受损失。窃电查处工作稽查，是对该环节在保护电力市场与电力设备安全完整工作的监督，主要工作内容围绕企业反窃电工作的开展及工作质量差错的稽查，规范企业内部反窃电工作的程序。

（3）用电检查业务稽查的作业关键环节包括哪些？

用电检查业务稽查的作业关键环节如下：

1）周期检查，主要业务节点包括：制订周期检查计划、现场检查、发现问题及处理。

2）专项检查，主要业务节点包括：制订专项检查计划、现场检查、发现问题及处理。

3）违约用电查处，主要业务节点包括：现场核查及取证、发违约用电通知书、处理方案及客户交费认定。

4）窃电查处，主要业务节点包括：现场核查及取证、发窃电通知书、客户交费认定。

5）重要客户管理，主要业务节点包括：重要客户认定、重要客户主/备供电源或应急电源（保安电源）管理、重要客户管理。

2 用电检查业务的稽查关键点

（1）什么是周期检查？包括哪些主要业务节点？

周期检查，是指对不同的类型客户按一定周期进行用电检查的全过程。周期检查的主要业务节点有三个：制订周期检查计划、现场检查、发现问题及处理。

1）制订周期检查计划环节。

a. 什么是制订周期检查计划？

制订周期检查计划，指在每年第四季度编制出下一年度周期检查计划，在每月末编制下月周期检查计划的过程。为了保证供电设施安全，防止不良客户违章用电、窃电以及各类用电隐患，必须定期作用电普查或随机抽查。

b. 制订周期检查计划应如何稽查？

稽查办法：询问访谈法，访谈对象为供电分局营业部主任、用电检查班班长；审核调查法，审核资料为周期检查计划表、用电检查工作单、营销系统周期检查工单。

稽查重点：审核是否编制周期检查计划表、周期检查计划表的制订是否符合检查周期规定。

c. 制订周期检查计划环节的主要稽查关键点有哪些？

（a）访谈供电分局营业部主任、用电检查班班长，是否了解、熟悉制订周期检查计划的工作要求。

（b）对周期检查计划表进行检查，检查计划编制周期是否满足规范要求：

a）35kV及以上电压等级或一级及以上重要客户，是否每半年检查一次。

b）10kV高压供电装见容量1000kVA及以上或二级重要客户，是否每年检查一次。

c）10kV高压供电装见容量1000kVA以下的客户，是否每两年检查一次。

d）0.4kV及以下的居民用户是否每年按不低于1%的比例进行抽查，其他用户是否每年按不低于5%的比例进行抽查。

（c）通过抽查用电检查工作单和营销系统周期检查工单，检查周期检查计划是否按规定开展。

（d）发现异常情况，可通过访谈法具体了解异常原因及延伸检查。

2）现场检查环节。

a. 什么是现场检查？

现场检查，指用电检查人员按照周期检查计划，到客户用电现场进行检查的过程。检查内容包括：客户档案信息，客户用电安全情况，维护正常供用电秩序，客户节约用电及影响电能质量的设备情况，用电计量装置、负荷管理装置、继电保护和自动装置、调度通信等安全运行状况。

b. 现场检查应如何稽查？

稽查方法：询问访谈法，访谈对象为用电检查班班长、班员；审核调查法，审核资料为周期检查计划表、用电检查工作单、营销系统周期检查工单、照片记录；现场检查法，现场检查为现场检查异常情况、用电检查工作单、营销系统检查工单。

稽查重点：用电检查员的人数及资格是否符合要求；是否按规范要求进行用电检查；工单及系统记录是否与现场一致。

c. 现场检查环节的主要稽查关键点有哪些？

（a）审核是否有周期检查计划表、用电检查工作单、营销系统周期检查工单及照片记录；现场检查结果是否及时录入营销系统。

（b）审核用电检查工作单内容、照片记录是否与营销系统周期检查工单和现场情况相对应；用电检查人员的数量不得少于两人，是否持有相应资质的《用电检查证》作业，并在营销系统记录。

（c）现场检查计量装置、预付费装置、负荷管理终端、继电保护及自动装置应正常运行，如有异常，查看是否有记录；现场抽查用电性质、电价情况、实际使用容量、计费容量、备用容量、转供容量是否与《供用电合同》约定相符，是否发出并出具《用电检查结果通知书》，通知书应完整填写。

（d）发现异常情况，可通过访谈法具体了解异常原因及延伸检查。

3）发现问题及处理环节。

a. 什么是发现问题及处理？

发现问题及处理，指现场检查发现违约用电、窃电或安全隐患等问题的，按规定触发子流程的工作过程。

b. 发现问题及处理应如何稽查？

稽查方法：询问访谈法，访谈对象为用电检查班班长、班员；审核调查法，审核资料为用电检查工作单、营销系统周期检查工单；现场检查法，现场检查为异常处理情况、用电检查工作单、营销系统检查工单。

稽查重点：用电检查问题是否按规范要求进行了相应的处理；用电检查资料是否及时归档；工单及系统记录是否与现场一致。

c. 发现问题及处理环节的主要稽查关键点有哪些？

（a）审核是否有用电检查工作单、营销系统周期检查工单及照片记录。

（b）现场检查用电检查工作单内容、照片记录是否与营销系统周期检查工单和现场情况相对应，发现问题是否通过营销系统子流程进行跟踪处理；存在违约用电、窃电行为，是否按有关规定进行罚处，《违约用电通知书》、《窃电通知书》是否及时归档；客户存在安全隐患情况的，是否按我局要求整改，归档《整改通知书》是否与现场的整改情况一致。

（c）发现异常情况，可通过访谈法具体了解异常原因及延伸检查。

（2）什么是专项检查？包括哪些主要业务节点？

专项检查是指针对特定时期、特定任务或特殊用户群等开展的检查工作。专项检查应由上级管理部门统一组织；如需自行开展专项检查的，须经上级管理部门批准。

保供电是指广东电网供电范围内特级保供电、一级保供电、市级保供电、特殊时期保供电、重要客户保供电、其他类保供电和双电源保供电的受理、方案制订、通知、检查、落实和评价总结。

专项检查的主要业务节点有三个：制订专项检查计划、现场检查、发现问题及处理。

1）制订专项检查计划环节。

a. 什么是制订专项检查计划？

制订专项检查计划，是指根据保供电、季节性、经营性等检查任务以及客户用电异常情况，编制专项检查计划。

b. 制订专项检查计划应如何稽查？

稽查方法：询问访谈法，访谈对象为供电分局营业部主任、用电检查班班长；审核调查法，审核资料为上级通知文件、专项检查计划表、用电检查工作单、营销系统专项检查工单。

稽查重点：用电检查计划是否符合规范要求、是否明确了重点检查内容。

c. 制订专项检查计划环节的主要稽查关键点有哪些？

(a) 审核是否有专项检查计划；专项检查计划的制订是否符合上级文件通知要求。具体要求如下：

a）季节性检查：每年是否结合重要节日（如春节、劳动节、国庆节等）、季节特点（如大风、雷雨、汛期等）或保供电要求，对客户设备开展专项检查；是否重点检查客户防风防汛的电气设备的运行状况是否良好，协助客户审定防风防汛的组织及技术措施是否到位，了解外部电源的运行状况，是否满足客户需要。

b）事故性检查：客户发生电气事故后，用电检查人员是否协助客户进行事故调查和分析，同时对客户设备进行一次有针对性的反事故检查。

c）反违章用电检查：是否组织针对违约用电、窃电等违章用电行为进行的专项检查。

d）在一些重大活动（如各级政府组织的大型政治活动、大型集会、庆典、娱乐活动及其他大型专项工作安排的活动）开展之前，是否及时制订保电专项检查计划。

e）是否根据其他特定要求和条件开展的专项检查。

f）是否将年（季、月）专项检查计划及时报主管领导审批。

(b) 通过抽查用电检查工作单和营销系统专项检查工单，检查专项检查计划是否按规定开展。

（c）发现异常情况，可通过访谈法具体了解异常原因及延伸检查。

2）现场检查环节。

a. 什么是现场检查？

现场检查，指用电检查人员按照专项检查计划，到客户用电现场进行检查的过程。

b. 现场检查应如何稽查？

稽查方法：询问访谈法，访谈对象为用电检查班班长、班员；审核调查法，审核资料为专项检查计划表、用电检查工作单、营销系统周期检查工单、照片记录；现场检查法，现场检查为异常情况、用电检查工作单、营销系统检查工单。

稽查重点：用电检查员的人数及资格是否符合要求；是否按规范要求进行用电检查；工单及系统记录是否与现场一致。

c. 现场检查环节的主要稽查关键点有哪些？

（a）审核是否有专项检查计划表、用电检查工作单、营销系统专项检查工单及照片记录；现场检查结果是否及时录入营销系统。

（b）现场检查用电检查工作单内容、照片记录是否与营销系统专项检查工单和现场情况相对应；用电检查人员的数量不得少于两人，并持有相应资质的《用电检查证》，并在营销系统记录。

（c）现场检查客户值班人员是否持有进网作业电工的资格，计量装置、预付费装置、负荷管理终端、继电保护及自动装置运行是否正常，如有异常，查看是否有通知整改的记录；现场检查用电性质、电价情况、实际使用容量、计费容量、备用容量、转供容量是否与《供用电合同》约定相符；保供电应急预案是否在规定时限内制订完成；是否督促被保供电单位制订紧急停电应急预案，并有相关记录。

（d）发现异常情况，可通过访谈法具体了解异常原因及延伸检查。

3）发现问题及处理环节。

a. 什么是发现问题及处理？

发现问题及处理，指现场检查发现违约用电、窃电或安全隐患等问题的，按规定触发子流程的工作过程。

b. 发现问题及处理应如何稽查？

稽查方法：询问访谈法，访谈对象为用电检查班班长、班员；审核调查法，审核资料为用电检查工作单、营销系统专项检查工单；现场检查法，现场检查为异常处理情况、用电检查工作单、营销系统检查工单。

稽查重点：用电检查问题是否按规范要求进行了相应的处理，用电检查资料是否及时归档。

c. 发现问题及处理环节的主要稽查关键点有哪些？

（a）审核是否有用电检查工作单、营销系统专项检查工单及照片记录。

（b）现场检查用电检查工作单内容、照片记录是否与营销系统专项检查工单和现场情况相对应；发现问题是否通过营销系统子流程进行跟踪处理。

（c）发现异常情况，可通过访谈法具体了解异常原因及延伸检查。

（3）什么是违约用电查处？包括哪些主要业务节点？

违约用电查处，是指对客户危害供用电安全、扰乱正常供用电秩序等行为，依照有关规定进行调查、处理的过程。违约用电查处的主要业务节点有三个：现场核查及取证、发违约用电通知书、处理方案及客户交费认定。

1）现场核查及取证环节。

a. 什么是现场核查及取证？

现场核查及取证，指检查过程中发现客户确定存在违章用电情况，开展现场的详细记录和取证工作的过程。如检查过程中发现客户确定存在违章用电情况，应做好现场的详细记录和取证工作，取证应严格依法进行。取证的记录应取得客户现场确认的签名，作为将来计算及追补违约电量电费的依据。

b. 现场核查及取证应如何稽查？

稽查方法：询问访谈法，访谈对象为客户、用电检查班班长和班员；审核调查法，审核资料为用电检查工作单、用电检查现场取证记录表、用户违约用电通知书、用户违约用电处理结果通知书、用户用电设备容量统计核查清单、营销系统违约用电处理工单。现场检查法，现场检查为用电性质、电价情况、实际使用容量、计费容量、备用容量、转供容量、抄表电量。

稽查重点：工单及系统记录是否与现场一致；客户是否在相关取证工单及通知书上签名。

c. 现场核查及取证环节的主要稽查关键点有哪些？

（a）审核是否有用电检查工作单、用电检查现场取证记录表、用户违约用电通知书、用户违约用电处理结果通知书、用户用电设备容量统计核查清单、营销系统违约用电处理工单。

（b）检查审核实体及系统工单记录、用电性质、电价情况、实际使用容量、计费容量、备用容量、转供容量、抄表电量是否与现场相符；发现问题是否通过营销系统子流程进行跟踪处理；《用电检查工作单》、《违约用电通知书》、《用电检查结果通知书》填写是否规范并且按规定存档；是否做好现场的详细记录和取证工作，取证应严格依法进行。包括：①是否封存和提取违约使用的电气设备；②是否现场核实违约用电负荷及其用电性质；③是否采取现场拍照、摄影、录音等手段收集违约用电证据；④是否收集违约用电的其他相关信息；⑤是否填写《用电检查结果通知书》；⑥当事人、见证人是否在《用电检查结果通知书》签名确认。

（c）发现异常情况，可通过访谈法具体了解异常原因及延伸检查。

2）发《违约用电通知书》环节。

a. 什么是发《违约用电通知书》？

发《违约用电通知书》，指向客户签发经用户负责人或其业务主管人员签字确认的《用电检查结果通知书》、《违约用电通知书》的过程。客户《用电检查工作单》、《用电检查结果通知书》、《客户违约用电通知书》应经用户负责人或其业务主管人员签字确认。用户方拒绝签收《用电检查结果通知书》和《违约用电通知书》，需向公安机关报案的，应按规定程序审批同意后报案。

b. 发违约用电通知书应如何稽查？

稽查方法：询问访谈法，访谈对象为客户、用电检查班班长和班员；审核调查法，审核资料为《用电检查工作单》、《用电检查现场取证记录表》、《用户违约用电通知书》、《用户违约用电处理结果通知书》、《用户用电设备容量统计核查清单》、《营销系统违约用电处理工单》。现场检查法，现场检查为用电性质、电价情况、实际使用容量、计费容量、备用容量、转供容量、抄表电量。

稽查重点：工单及系统记录是否与现场一致；工单及通知书是否有客户签名。

c. 发违约用电通知书环节的主要稽查关键点有哪些？

（a）审核《用电检查工作单》、《用电检查现场取证记录表》、《用户违约用电通知书》、《用户违约用电处理结果通知书》、《用户用电设备容量统计核查清单》、《营销系统违约用电处理工单》是否有客户签名记录。

（b）现场检查实体及系统工单记录、用电性质、电价情况、实际使用容量、计费容量、备用容量、转供容量、抄表电量是否与现场相符；《客户用电检查工作单》、《用电检查结果通知书》、《客户违约用电通知书》是否经用户负责人或其业务主管人员签字确认。用户方拒绝签收《用电检查结果通知书》和《客户违约用电通知书》，需向公安机关报案的，是否按规定程序审批同意后报案；以规范的书面形式正式告知违约客户其已存在的违约用电行为。签发《客户违约用电通知书》一式两份，核对、确认内容正确后送达客户并由客户代表履行签收后，一份交客户，一份存档备查。

（c）发现异常情况，可通过访谈法具体了解异常原因及延伸检查。

3）处理方案及客户交费认定环节。

a. 什么是处理方案及客户交费认定？

处理方案及客户交费认定，指按业务规范要求对违约交费进行处理的过程。应根据客户违约用电类型和相应的违约时间、违约涉及电量、违约容量、电价标准等数据，依照规定计算，确定违约用电处理方案，根据违约用电处理方案赔付费用。应在与违约客户商定后确定违约用电赔付费用支付方式，确定支付期限。追补电费应一次性全额付清。

b. 处理方案及客户交费认定应如何稽查？

稽查方法：询问访谈法，访谈对象为客户、用电检查班班长和班员；审核调查法，审核资料为《用电检查工作单》、《用电检查现场取证记录表》、《用户违约用电通知书》、《用户违约用电处理结果通知书》、《用户用电设备容量统计核查清单》、收费记录、营销系统违约用电处理工单；现场检查法，现场检查为用电性质、电价情况、实际使用容量、计费容量、备用容量、转供容量、抄表电量。

稽查重点：检查处理方案是否准确；客户是否缴纳电费及违约使用电费。

c. 处理方案及客户交费认定环节的主要稽查关键点有哪些？

（a）审核是否有《用电检查工作单》、《用电检查现场取证记录表》、《用户违约用电通知书》、《用户违约用电处理结果通知书》、用户用电设备容量统计核查清单、收费记录、营销系统违约用电处理工单。

（b）审核《用户违约用电处理结果通知书》处理方式是否正确，是否根据客户违约用电类型和相应的违约时间、违约涉及电量、违约容量、电价标准等数据，依照规定计算、确定违约用电赔付费用。检查收费记录，核查客户是否交费；追补电费是否按照追补方案（协议）执行。追补电费应一次性全额付清；违约使用电费原则上应一次性全额付清，当用户因实际困难采取分期支付方式时，须签订协议，明确交费/还款期限。

（c）发现异常情况，可通过访谈法具体了解异常原因及延伸检查。

（4）什么是窃电查处？包括哪些主要业务节点？

窃电查处，是指对客户窃电行为，依据窃电行为追究责任的有关规定，进行调查、处理的过程。

停电和复电处理，是指对欠费、违约用电、窃电以及其他有重大安全隐患的客户安排停电和复电处理过程，不适用于预购电装置的停复电处理。

表扬、检举和查获窃电的奖励，是指供电企业对窃电案件或盗窃破坏电力设施案件的外部单位检举人、协助查处窃电案件或盗窃破坏电力设施案件的公安机关人员以及外部单位的其他有关人员所进行的奖励。

窃电查处的主要业务节点有三个：现场核查及取证、发窃电通知书、处理方案及客户交费认定。

1）现场核查及取证环节。

a. 什么是现场核查及取证？

现场核查及取证，指检查过程中发现客户确定窃电情况，开展现场的详细记录和取证工作的过程。应确保取证结果的合法性、完整性及有效性。

窃电查处取证、认证，应积极寻求第三方特别是技术监督部门、公安部门的协助配合。

b. 现场核查及取证应如何稽查?

稽查方法：询问访谈法，访谈对象为客户、用电检查班班长和班员；审核调查法，审核资料为《用电检查工作单》、《用电检查现场取证记录表》、《用户窃电通知书》、《用户窃电处理结果通知书》、用户用电设备容量统计核查清单、《用户停电通知书》、《营销系统窃电处理工单》。现场检查法，现场检查：用电性质、电价情况、实际使用容量、计费容量、备用容量、转供容量、抄表电量。

稽查重点：工单及系统记录是否与现场一致；客户是否在相关取证工单及通知书上签名。

c. 现场核查及取证环节的主要稽查关键点有哪些?

(a) 审核是否有《用电检查工作单》、《用电检查现场取证记录表》、《用户窃电通知书》、《用户窃电处理结果通知书》、用户用电设备容量统计核查清单、《用户停电通知书》、营销系统窃电处理工单。

(b) 审核实体及系统工单记录、用电性质、电价情况、实际使用容量、计费容量、备用容量、转供容量、抄表电量是否与现场相符；发现问题是否通过营销系统子流程进行跟踪处理；是否做好现场的详细记录和取证工作，取证应严格依法进行。包括：①是否现场封存或提取损坏的电能计量装置，保全窃电痕迹；②是否收集伪造或开启的加封电能计量装置的封印；③是否收缴窃电工具；④是否采取现场拍照、摄影、录音等手段收集违约用电证据；⑤是否收集客户产品、产量、产值统计和产品单耗数据；⑥是否收集专业试验、专项技术检定结论材料。当事人、见证人是否在《用电检查结果通知书》签名确认；⑦是否收集窃电设备容量、窃电时间等信息；⑧是否填写《用电检查结果通知书》，是否完整填写《客户窃电查处取证记录表》，并完成供电方代表（可为用电检查人员）、用电方代表及第三方（见证方）代表对《客户窃电查处取证记录表》的签名确认。

(c) 发现异常情况，可通过访谈法具体了解异常原因及延伸检查。

2) 发窃电通知书环节。

a. 什么是发窃电通知书？

发窃电通知书，指以规范的书面形式正式告知违约客户其已存在的窃电行为。签发《客户窃电通知书》一式两份，核对、确认内容正确后送达客户并由客户代表履行签收。

b. 发窃电通知书应如何稽查？

稽查方法：询问访谈法，访谈对象为客户、用电检查班班长和班员；审核调查法，审核资料为《用电检查工作单》、《用电检查现场取证记录表》、《用户窃电通知书》、《用户窃电处理结果通知书》、用户用电设备容量统计核查清单、《用户停电通知书》、营销系统窃电处理工单。现场检查法，现场检查为用电性质、电价情况、实际使用容量、计费容量、备用容量、转供容量、抄表电量。

稽查重点：工单及系统记录是否与现场一致；工单及通知书是否有客户签名。

c. 发窃电通知书环节的主要稽查关键点有哪些？

（a）审核《用电检查工作单》、《用电检查现场取证记录表》、《用户窃电通知书》、《用户窃电处理结果通知书》、用户用电设备容量统计核查清单、《用户停电通知书》是否有客户签名记录。

（b）现场检查实体及系统工单记录、用电性质、电价情况、实际使用容量、计费容量、备用容量、转供容量、抄表电量是否与现场相符；是否以规范的书面形式正式告知违约客户其已存在的窃电行为。签发《客户窃电通知书》一式两份，核对、确认内容正确后送达客户并由客户代表履行签收后，一份交客户，一份存档备查。

（c）发现异常情况，可通过访谈法具体了解异常原因及延伸检查。

3）处理方案及客户交费认定环节。

a. 什么是处理方案及客户交费认定？

处理方案及客户交费认定，指按业务规范要求对违约交费进行处理的过程。应根据客户窃电类型和窃电时间、私接容量、计费电能表标定电流值或限流器整定值等数据、参数和电价标准，依照规定计算、确定窃电量及追补电费、违约使用电费用。应在与窃电客户商定后确定追补电费及违约使用电费用支付方式，确定支付期限。追补电费应一次性全额付清。违约使用电费原则上应一次性全额付清，当客户因实际困难采取分期支付方式时，须签订协议，明确还款期限。

b. 处理方案及客户交费认定应如何稽查？

稽查方法：询问访谈法，访谈对象为客户、用电检查班班长和班员；审核调查法，审核资料为《用电检查工作单》、《用电检查现场取证记录表》、《用户窃电通知书》、《用户窃电处理结果通知书》、用户用电设备容量统计核查清单、收费记录、营销系统窃电处理工单；现场检查法，现场检查为用电性质、电价情况、实际使用容量、计费容量、备用容量、转供容量、抄表电量是否与系统记录相符。

稽查重点：检查处理方案是否准确；客户是否缴纳电费及违约使用电费。

c. 处理方案及客户交费认定环节的主要稽查关键点有哪些？

(a) 审核是否有《用电检查工作单》、《用电检查现场取证记录表》、《用户窃电通知书》、《用户窃电处理结果通知书》、用户用电设备容量统计核查清单、收费记录、营销系统窃电处理工单。

(b) 审核《用户窃电处理结果通知书》处理方式是否正确；是否根据客户窃电类型和窃电时间、私接容量、计费电能表标定电流值或限流器整定值等数据、参数和电价标准，依照规定计算、确定窃电量及追补电费、违约使用电费用；检查收费记录，核查客户是否交费；追补电费是否一次性全额付清。追补电费应一次性全额付清；违约使用电费原则上应一次性全额付清，当用户因实际困难采取分期支付方式时，须签订协议，明确交费/还款期限。

(c) 发现异常情况，可通过访谈法具体了解异常原因及延伸检查。

(5) 什么是重要客户管理？包括哪些主要业务节点？

重要客户是指在国家或者一个地区（城市）的社会、政治、经济生活中占有重要地位，对其中断供电将可能造成人身伤亡、较大环境污染、较大政治影响、较大经济损失、社会公共秩序严重混乱的用电用户或对供电可靠性有特殊要求的用电场所。重要客户根据供电可靠性的要求以及中断供电危害程度，分为特级、一级和二级；需要临时特殊供电保障的用电用户，称为临时性重要客户。

自备应急电源，指由客户自行配备的，在正常供电电源全部发生中断的情况下，能够至少满足客户保安负荷不间断供电的独立电源。

保安负荷，是指电力客户为防止因供电中断而有可能引发人员伤亡、环境破坏、政治影响、经济损失、秩序混乱等不良后果，需要保证连续供电的重要电力负荷。

重要客户管理的主要业务节点有三个：重要客户认定、重要客户主/备供电源或应急电源（保安电源）管理、重要客户管理。

1）重要客户认定环节。

a. 什么是重要客户认定？

重要客户认定，指根据上级有关重要客户分级及认定原则，开展重要客户的梳理和确认工作的过程。重要客户划分标准依据南方电网公司《关于进一步明确重要客户等级划分标准的通知》执行。根据上级有关重要客户分级及认定原则，开展重要客户的梳理和确认工作。重要客户包括特级重要客户、一级重要客户和二级重要客户。

b. 重要客户认定应如何稽查？

稽查方法：询问访谈法，访谈对象为供电分局营业部主任、用电检查班班长；审核调查法，审核资料为政府重要客户认定文件、重要用户基本信息统计表、营销系统重要客户信息：现场检查法，现场检查为重要客户现场情况、自备应急电源、保安电源。

稽查重点：是否有政府重要客户认定文件；重要客户划分标准是否符合是否符合要求。

c. 重要客户认定环节的主要稽查关键点有哪些？

（a）审核是否有政府重要客户认定文件、重要用户基本信息统计表、营销系统重要客户信息。

（b）审核重要客户划分标准是否符合南方电网公司《关于进一步明确重要客户等级划分标准的通知》要求；重要客户及其用电负荷划分等级如下：

a）常见特级重要客户及其用电负荷（设备、场所），如表 3-3 所示。

表 3-3　　常见特级重要客户及其用电负荷（设备、场所）

序号	客户性质	客户重要用电设备和场合
1	省级及以上党、政、军、警首脑机关	主要办公室、会议室、总值班室、档案室及主要通道照明、消防、客梯、生活泵等用电
2	省级及以上应急指挥中心	应急指挥系统（含通信系统）
3	省级及以上广播电台、电视台	计算机系统电源，直播的语音播音室、电视演播厅、控制室、录像室、中心机房、微波机房及其发射机房等场所用电
4	省级及以上电力调度中心	电力调度指挥系统电源
5	特级体育场馆	游泳馆的比赛场（厅），主席台、贵宾室、接待室、新闻发布厅、广场及主要通道照明、计时记分装置、计算机房、电话机房、广播机房、电台和电视转播、新闻摄影及应急照明等用电

b）常见一级重要客户及其用电负荷（设备、场所），如表 3-4 所示。

表 3-4　　常见一级重要客户及其用电负荷（设备、场所）

序号	客户性质	客户重要用电设备和场合
1	地市级党、政、军、警首脑机关	主要办公室、会议室、总值班室、档案室及主要通道照明、消防、客梯、生活泵等用电
2	省级及以上气象局、地震局	主要业务用计算机系统电源
3	银行、金融中心、证券交易中心	重要计算机数据中心用电
4	边防口岸	通关检测设备、通关通道照明等用电
5	民用机场	航空管制、导航、通信、气象、助航灯光系统设施和台站用电；边防、海关的安全检查设备和航班预报设备用电；三级以上油库、为飞机及旅客服务的办公用房用电；候机楼、外航驻机场办事处、站坪照明、站坪机务用电
6	铁路客运枢纽站	最高聚集人数达到 4000 人及以上的旅客车站和国境站，包括旅客站房、站台、天桥及地道等用电
7	港口客运枢纽站	通信、导航设施用电
8	关系国计民生的水利设施（如南水北调、送香港生活用水）	区域性水源的用电设备、跨区供水系统用电
9	重要通信枢纽	保证通信不中断的主要设备用电

续表

序号	客户性质	客户重要用电设备和场合
10	县级及以上医院	急诊部的所有用房；监护病房、产房、婴儿室、血液病房的净化室、血液透析室；病理切片分析、磁共振、手术部、CT扫描室、高压氧仓、加速器机房、治疗室、血库、配血室的电力照明，以及培养箱、冰箱、恒温箱和其他必须持续供电的精密医疗装备；走道照明、重要手术室空调等
11	地市级及以上中心大型血库	血液保存装置用电
12	地市级及以上交通指挥中心	交通指挥系统电源
13	省级及以上报社	维持报纸发行的必需设备用电
14	输油枢纽泵站	输油加压设备用电等
15	石油炼化、化肥等省级重要化工企业，以及危险品的仓库和中转站	石油炼化、化肥等化工设备用电；危险品仓库用电、民爆仓库用电等
16	矿井	停电有淹井危险的主排水泵；有爆炸、火灾危险的矿井主通风机；对人体健康及生命有危害气体矿井的主通风机；危险矿井载人提升设备；矿井瓦斯抽放设备
17	露天矿	用于井巷疏干的排水设备；有淹没采掘厂危险的主排水设备和疏干设备；大型铁路车站的信号电源
18	甲级体育场馆	游泳馆的比赛场（厅），主席台、贵宾室、接待室、新闻发布厅、广场及主要通道照明、计时记分装置、计算机房、电话机房、广播机房、电台和电视转播、新闻摄影及应急照明等用电
19	有高危机动游戏的娱乐场所	高危机动游戏的用电设备
20	监狱	警卫照明、提审室

c）常见二级重要客户及其用电负荷（设备、场所），如表3-5所示。

表3-5　常见二级重要客户及其用电负荷（设备、场所）

序号	客户性质	客户重要用电设备和场合
1	县区级党、政、军、警首脑机关	主要办公室、会议室、总值班室、档案室及主要通道照明、消防、客梯、生活泵等用电
2	地市级气象台	主要业务用计算机系统电源
3	区域供水站	水处理设备、水密闭设备等用电

续表

序号	客户性质	客户重要用电设备和场合
4	煤气公司	管道煤气加压及密闭、生产用电
5	科研院所、高等院校	重要实验室电源，高层教学楼客梯、主要通道照明
6	重要机械工厂	加料、冶炼、浇筑、锻压及冷却等设备用电
7	民用机场	除一级负荷外的其他用电
8	港口客运站	港口重要作业区用电，一、二级站用电
9	汽车客运站	一、二级站用电
10	铁路客运站	最高聚集人数低于4000人的大、中型站，包括旅客站房、站台、天桥及地道等用电
11	图书馆	藏书量超过100万册的图书馆的主要用电设备
12	乙级及以下体育场馆	游泳馆的比赛场（厅）、主席台、贵宾室、接待室、新闻发布厅、广场及主要通道照明、计时记分装置、计算机房、电话机房、广播机房、电台和电视转播、新闻摄影及应急照明等用电

（c）发现异常情况，可通过访谈法具体了解异常原因及延伸检查。

2）重要客户主/备供电源或应急电源（保安电源）管理环节。

a. 什么是重要客户主/备供电源或应急电源（保安电源）管理？

重要客户主/备供电源或应急电源（保安电源）管理，指制订重要客户电力保障措施、预案，提高重要客户用电安全突发事故的应急处理能力的过程。完善签订各项责任协议，明确供、用双方电力保障权利和义务。按期开展重要客户周期检查及上级下达的保供电专项检查。对于重要客户存在的用电安全隐患，及时通知并督促客户落实整改。

b. 重要客户主/备供电源或应急电源（保安电源）管理应如何稽查？

稽查方法：询问访谈法，访谈对象为供电分局营业部主任、用电检查班班长；审核调查法，审核资料为重要用户基本信息统计表、营销系统重要客户信息，现场检查法，现场检查为重要客户现场情况、自备应急电源、保安电源。

稽查重点：是否有主/备供电源或应急电源信息记录，是否符合要求；电源信息是否与现场实际情况一致。

c. 重要客户主/备供电源或应急电源（保安电源）管理环节的主要稽查

关键点有哪些?

(a) 审核重要用户基本信息统计表、营销系统重要客户信息是否详细记录主/备供电源或应急电源信息。

(b) 现场检查主/备供电源或应急电源信息是否与现场实际情况一致;重要客户应按其重要性,对其划分负荷等级,对特级、一级负荷等级采取双电源供电,详见《中国南方电网城市配电网技术导则》用电负荷分类表。重要客户供电电源是否存在单电源供电。业扩报装过程中严格按照对重要客户管理进行供电方案确定、设计审核、中间检验,确保重要客户的重要负荷不存在单电源供电可能性。重要客户是否配备应急自备电源,自备电源容量是否满足应急负荷的要求。稽查重要客户是否擅自变更自备应急电源接线或拆除闭锁装置。自备应急电源是否按规定进行正常维护与定期启动试验。重要客户档案(一户一册)建设情况。①建立和不断完善"一户一册"(《重要客户档案管理手册》)档案信息。②营销系统中,对重要客户"应急包"信息也应做到实时维护,做到系统信息与实际情况相符。③稽查《供用电合同》内应急电源配置是否与客户设备配置一致。④稽查是否已与重要客户签订《重要用户自备电源使用协议》、《重要用户电力安全事故责任协议》。

(c) 发现异常情况,可通过访谈法具体了解异常原因及延伸检查。

3) 重要客户管理环节。

a. 什么是重要客户管理?

重要客户管理,是指根据重要客户等级划分标准及相关认定工作要求,确定重要客户及其重要等级,在开展对重要客户用电检查基础上,督促、指导和协助重要客户开展用电安全隐患排查与治理,制订相应的电力保障预案,确保重要客户用电安全的过程。

b. 重要客户管理应如何稽查?

稽查方法:询问访谈法,访谈对象为供电分局营业部主任、用电检查班班长;审核调查法,审核资料为重要用户基本信息统计表、营销系统重要客户信息、《用电检查工作单》、《用户安全隐患整改通知书》、应急预案;现场检查法,现场检查为重要客户现场情况、自备应急电源、保安电源。

稽查重点:隐患是否排查处理;应急预案是否符合要求。

c. 重要客户管理环节的主要稽查关键点有哪些？

（a）审核是否有重要用户基本信息统计表、营销系统重要客户信息、用电检查工作单、用户安全隐患整改通知书、应急预案。

（b）现场检查用电安全隐患排查与治理是否完成；是否具备非电性质的保安措施；隐患排查资料是否符合要求，是否发出《用电检查隐患整改通知书》。重大隐患是否报政府相关部门备案，并留存相关依据。客户值班人员名单及资格、安全工器具试验报告、停电应急预案是否齐备。历次用电检查记录表单、停复电通知是否留存。是否按"一患一档"要求，建立并完善重要客户隐患档案管理。是否按时组织重要客户开展应急演练，特级、一级重要客户每年一次，二级重要客户为每两年一次。重要客户的例行检查、专项检查结果是否在管理系统中形成记录。

（c）发现异常情况，可通过访谈法具体了解异常原因及延伸检查。

六、管理线损业务稽查

1 管理线损业务稽查的定义和意义

（1）什么是管理线损？

管理线损是指对10kV及以下电网线损管理工作，从线损指标下达到线损考核为止的全过程管理。过程包括：线损指标下达、线损率统计、线损监测分析、线损异常处理、管理线损分析报告编制、线损考核等。

管理线损的主要流程包括：分线分台区线损指标管理、线损统计、分线线损监测及分析、分台区线损监测及分析、线损异常处理、线损报告编制、线损考核、线变和变户关系核查等业务流程。

（2）什么是管理线损业务稽查？开展管理线损业务稽查有什么意义？

管理线损业务稽查是电力营销稽查工作的重要内容之一，主要针对供电企业线损四分管理故障相关工作进行稽查，如对线损管理各环节进行经常性的监督检查，根据计量管理和线损分析提供的信息进行深入检查，配合公安机关查处违约用电和窃电行为。

线损是供电企业的一项重要的经济技术指标，也是衡量供电企业综合管理水平的重要标志。供电企业的主要任务就是要安全输送与合理地分配电能，并力求尽量减少电能损失，以取得良好的社会效益与企业经济效益。考核一个供电企业的重要经济技术指标之一就是线损率的高低，它不仅表明供电系统技术水平的高低，还能反映企业管理水平的好坏，所以加强管理线损业务稽查是供电企业的一项重要工作。

(3) 管理线损业务稽查的作业关键环节包括哪些?

管理线损业务稽查的作业关键环节如下：

1) 线路、台区线损异常分析及处理，主要业务节点包括：线路、台区线损异常初步分析；线路、台区线损异常分析；线路、台区线损异常处理。

2) 线损统计及报告编制，主要业务节点包括：统计线损报表、编写线损分析报告。

3) 线变和变户关系核查，主要业务节点包括：核查资料、填写传递线变户关系变更表。

2 管理线损业务的稽查关键点

(1) 什么是线路、台区线损异常分析及处理？包括哪些主要业务节点？

线路线损异常分析，是指对线损率异常的10kV线路进行定性定量分析并制订具体处理措施的过程。线路线损异常处理，是指根据10kV线路线损异常分析情况进行整改，明确处理责任班组（部门）、责任人及处理期限，落实处理措施并跟踪处理结果，使线路线损率回复稳定正常的过程。

台区线损异常分析，是指对线损率异常的台区进行定性定量分析并制订具体处理措施的过程。台区线损异常处理，是指根据0.4kV线路线损异常分析情况进行整改，明确处理责任班组（部门）、责任人及处理期限，落实处理措施并跟踪处理结果，使线路线损率回复稳定正常的过程。

线路、台区线损异常分析及处理的主要业务节点有三个：线路、台区线损异常初步分析；线路、台区线损异常分析；线路、台区线损异常处理。

1) 线路、台区线损异常初步分析环节。

a. 什么是线路、台区线损异常初步分析?

线路、台区线损异常初步分析，是指线损管理人员对线损异常线路、台区进行甄别，确定是属于技术线损过大造成线损异常还是由于管理原因造成线损异常，并做出初步判断的过程。

b. 线路、台区线损异常初步分析应如何稽查?

稽查方法：通过审阅检查法，查询“营销系统”—“线损管理”模块和翻阅线损分析有关纸质资料。

稽查重点：检查线损异常线路、台区初步分析判定是否准确。

c. 线路、台区线损异常初步分析环节的主要稽查关键点有哪些?

(a) 检查线损管理人员是否对线损异常线路、台区进行甄别。

(b) 是否检查线损分析有关纸质资料，确定是属于技术线损过大造成线损异常还是由于管理原因造成线损异常，并做出初步判断。

2) 线路、台区线损异常分析环节。

a. 什么是线路、台区线损异常分析?

线路、台区线损异常分析，是指对线损率异常的线路、台区进行定性定量分析并制订具体处理措施的过程。线损管理人员应采取定量分析与定性分析相结合，以定量分析为主原则。选择合理（以月度供售电量对应为原则）的分析口径。异常分析内容应包括指标完成情况、统计线损率与计划指标、上期和同期数据的比较、线损波动原因、需要采取的处理措施等。定量分析必须有充分依据，且定量应有详细计算过程，并在异常原因描述中予以说明。

b. 线路、台区线损异常分析应如何稽查?

稽查办法：通过审阅检查法，查询“营销系统”—“线损管理”模块和翻阅线损分析有关纸质资料。

稽查重点：检查是否按要求开展异常分析、分析资料填写是否规范，异常原因分析是否正确，有无制订异常整改措施等。

c. 线路、台区线损异常分析环节的主要稽查关键点有哪些?

(a) 检查线损有关纸质资料，线损责任人员是否对线损异常进行正确的定性、定量分析。

(b) 因技术原因造成线损异常的，是否向相关技术部门提出技术改造的需求。

（c）线路、台区责任组组长是否对管理线损异常进行分析，并确定管理线损异常的主要原因。

（d）对能够确定电量数据的原因造成的线损异常类型，是否进行定量分析，定量分析是否有充分依据，且有详细计算过程，并在异常原因描述中予以说明。

（e）线损责任人员是否将分析结果填写到相应的线路、台区线损异常反馈单中。

3）线路、台区线损异常处理环节。

a. 什么是线路、台区线损异常处理？

线路、台区线损异常处理，是指根据线路、台区线损异常分析情况进行整改，明确处理责任班组（部门）、责任人及处理期限，落实处理措施并跟踪处理结果，使线路、台区线损率回复稳定正常的过程。

b. 线路、台区线损异常处理应如何稽查？

稽查部分：通过审阅检查法，查询“营销系统”－“线损管理”模块。

稽查重点：检查供电企业线损异常处理是否规范，是否落实管理措施。

c. 线路、台区线损异常处理环节的主要稽查关键点有哪些？

（a）检查供电企业是否落实线损管理措施。包括：抄核收人员处理电量退补、用电检查人员检查客户计量装置的异动情况及查处窃电行为、计量人员更换故障计量装置、线路责任人负责正确维护线变关系等工作、其他管理措施的落实。

（b）线损异常处理责任人是否规定的期限内落实处理措施。各项异常处理工作原则上要求在30天内完成，超过30天的应经上级部门批准。对涉及设备更换、线路改造等繁杂项目工作，处理期限可适当放宽。

（c）供电分局在收到三期连续异常线路核查通知单后，是否认真做好线损异常分析工作，深入查找原因，制订详细的整改计划，落实责任部门、责任人严格按计划处理。

（2）什么是线损统计及报告编制？包括哪些主要业务节点？

线损统计及报告编制，是指根据管理线损涉及范围，从地市供电局至供电所10kV及以下线损报表和管理线损分析报告逐级编制、上报的过程。线损统计及报告编制的主要业务节点有两个：统计线损报表、编写线损分析报告。

1）统计线损报表环节。

a. 什么是统计线损报表？

统计线损报表，是指根据管理线损涉及范围，从地市供电局至供电所10kV及以下线损按月度进行逐级统计，并编制报表上报的过程。

线损统计原则：分析口径线损，其线损供售电量应同期原则；按月度进行线损报表统计，实行单、双月抄表的台区应按照统计周期两月统计一次；计算标准统一原则。各类报表和报告的统计和填报要求数据真实、格式规范统一、完整及时，不得人为调整造成线损率失真。线损统计是在电量电费统计结果的基础上进行的数据统计计算，线损统计必须在电量电费数据统计完成后方能实施，全局线损供售电量统计结果需与电量电费统计结果保持一致，同时为核查电量电费数据提供支持。对于跨镇（区）供电分局供电的10kV线路线损统计，按照跨区供电分界点安装的计量装置进行电量计量：在跨镇（区）供电分界点没有安装计量装置的，由其上级地市供电单位在统计前处理并审核跨区域线路分摊电量，确保分区线损统计数据准确。

b. 统计线损报表应如何稽查？

稽查办法：通过审阅检查法，查询“营销系统”—“线损管理”模块和翻阅线损报表。

稽查重点：检查统计线损报表编制是否真实规范。

c. 统计线损报表环节的主要稽查关键点有哪些？

（a）检查线损报表材料是否严格按照抄表计划执行，线损统计报表是否齐全、纸质与系统是否对应。报表分析口径线损和其线损供售电量是否同期，全局线损供售电量统计结果与电量电费统计结果是否保持一致。

（b）是否按月度进行线损报表统计，实行单、双月抄表的台区应按照统计周期两月统计一次。

（c）各类报表和报告的统计和填报要求数据是否真实、格式规范统一、完整及时，不得人为调整造成线损率失真。

（d）跨镇区供电线路或有转供电电量发生的10kV环网线路的供电量分摊或者合并统计是否合理。应按照跨区供电分界点安装的计量装置进行电量计量：在跨镇（区）供电分界点没有安装计量装置的，由其上级地市供电单位在统计前处理并审核跨区域线路分摊电量，确保分区线损统计数据准确。

2）编写线损分析报告环节。

a. 什么是编写线损分析报告？

编写线损分析报告，是指对 10kV 及以下线损报表数据进行分析，编写并上报管理线损分析报告的过程。各级单位应在规定的时间内完成并上报月度管理线损分析报告，当线损出现重大异常事件时应进行专题分析。

b. 编写线损分析报告应如何稽查？

稽查办法：通过审阅检查法，查询“营销系统”－“线损管理”模块和翻阅线损分析报告。

稽查重点：线损分析报告是否按模板编制，问题分析是否合理。

c. 编写线损分析报告环节的主要稽查关键点有哪些？

（a）检查线损分析报告是否按照规定的模板编制。

（b）检查线损分析报告中线损分析是否详细合理，是否基于实际问题分析提出改进方案并进行跟踪。

（3）什么是线变和变户关系核查？包括哪些主要业务节点？

线变和变户关系核查，是指因基础档案错误、历史线变对应关系错误、历史变户对应关系错误等原因，导致信息系统中 10kV 线路与变压器、变压器与用户对应关系与现场不符，经核实后提出修改维护需求的过程。线变和变户关系核查，包括获取线变户关系变更资料、核查资料、填写传递线变户关系变更表、归档等流程节点。线变和变户关系核查的主要业务节点有两个：核查资料、填写传递线变户关系变更表。

1）核查资料环节。

a. 什么是核查资料？

核查资料，是指线损管理人员在异常处理工作中发现历史线变、变户对应关系错误，通知线路、台区责任人进行核实的过程。供电分局线损管理人员在异常处理工作中发现历史线变、变户对应关系错误，应先通知线路、台区责任人进行核实，之后由营配信息管理人员进行修改，不得擅自修改档案。线变和变户关系核查的各项工作应严格执行《中国南方电网线损四分管理标准》中线损四分管理基础资料管理条款规定的工作时限。

b. 核查资料应如何稽查？

稽查部分：通过审阅检查法，查询“营销系统”—“线损管理”模块、翻阅线变和变户关系变更资料。

稽查重点：检查核查材料编制是否规范。

c. 核查资料环节的主要稽查关键点有哪些？

（a）查询“营销系统”—“线损管理”模块、翻阅线变和变户关系变更资料，线变和变户关系变更资料应包括《新建改建设备投运通知单》、《配网改造运行方式调整通知单》等资料。

（b）线变和变户关系核查材料编写是否规范，是否包括获取线变户关系变更资料、核查资料、填写传递线变户关系变更表、归档等流程节点。

2）填写《传递线变户关系变更表》环节。

a. 什么是填写《传递线变户关系变更表》？

填写《传递线变户关系变更表》，是指供电分局线路、台区责任人在获取线变户关系变更资料并核查资料后，填写《传递线变户关系变更表》并传递的过程。线损管理人员在获取线变和变户关系变更资料后的 1 个工作日内把变更资料传递至线路、台区责任人。线路、台区责任人应认真审核变更资料的正确性，确保变更资料与运行现场一致。线路、台区责任人应在收到线变和变户关系变更资料后的 2 个工作日内完成核查。供电分局线路、台区责任人应在变更资料审核后的 1 个工作日内，填写《传递线变户关系变更表》并传递至营配信息集成管理人员通过电子化移交流程进行更改。新投公变、线路，由供电分局计建部门发起非营销电子化移交流程。新投专用变压器，由供电分局业扩班组发起营销电子化移交流程。用户计量变更，由各级计量专业管理人员发起营销电子化移交流程。低压用户线变和户变关系变更的，由供电分局配电部发起低压电子化移交流程。

b. 填写《传递线变户关系变更表》应如何稽查？

稽查办法：通过审阅检查法，查询“营销系统”—“线损管理”模块和翻阅《传递线变户关系变更表》。

稽查重点：检查《传递线变户关系变更表》填写是否规范、流程运转是否超期。

c. 填写《传递线变户关系变更表》环节的主要稽查关键点有哪些?

(a) 供电分局线路、台区责任人是否在变更资料审核后的1个工作日内，填写《传递线变户关系变更表》并传递至营配信息集成管理人员通过电子化移交流程进行更改。

(b) 新投公用变压器、线路，由供电分局计建部门发起非营销电子化移交流程。新投专用变压器，由供电分局业扩班组发起营销电子化移交流程。用户计量变更，由各级计量专业管理人员发起营销电子化移交流程。低压用户线变和户变关系变更的，由供电分局配电部发起低压电子化移交流程。

七、停电管理业务稽查

1 停电管理业务稽查的定义和意义

(1) 什么是停电管理?

停电管理，是指因供电设施检修施工、依法限电、客户违约违法用电，需要中断供电；或因外力破坏、设备故障导致的客户供电中断。包括预安排停电、故障停电、限电停电、其他停电。

(2) 什么是停电管理业务稽查? 开展停电管理业务稽查有什么意义?

停电管理业务稽查，是指对客户综合停电管理制度和标准的建立及执行工作、客户停电管理的沟通协调、客户停送电、客户停电应急管理与抢修、客户停电统计与分析、客户停电通知等停电管理的各项工作开展情况，对其质量进行的监督、检查。开展停电管理业务稽查，对客户停电管理进行监督、检查，以进一步加强停电应急管理和抢修工作，提高工作效率和质量，确保按时停送电，不断提高供电可靠率，切实提升供电服务水平。

(3) 停电管理业务稽查的作业关键环节包括哪些?

停电管理业务稽查的作业关键环节如下：

1) 客户停电通知，主要业务节点包括：停电信息通知客户、延时送电通知客户。

2）预安排停电管理，主要业务节点包括：根据需求提出停电计划。

3）故障停电管理，主要业务节点包括：按时到达故障现场，通过转供电、故障隔离或故障修复等方式复电。

4）限电停电管理，主要业务节点包括：制订有序用电计划表、通知相关客户。

5）其他停电管理，主要业务节点包括：执行停电前通知客户、进行复电并回填系统。

6）客户停电时间统计，主要业务节点包括：客户停电时间统计。

2 停电管理业务的稽查关键点

（1）什么是客户停电通知？包括哪些主要业务节点？

客户停电通知，是指因供电设施检修施工、设备故障、依法限电或者客户违法用电等原因，需要中止供电时，供电企业应按照国家有关规定通知客户，必要时应提前向社会公告。客户停电通知的主要业务节点有两个：停电信息通知客户、延时停/送电通知客户。

1）停电信息通知客户环节。

a. 什么是停电信息通知客户？

停电信息通知客户，是指客服人员根据审批后的停电计划，将停电信息通知客户的过程以及因故需要中止供电时，客服人员根据实际停电情况，将停电信息通知客户的过程。

b. 停电信息通知客户应如何稽查？

稽查方法：审核调查法，审核资料为营销系统停电事件查询模块客户通知情况、停电通知纸质资料（如《欠费用户停止供电执行通知书》）等。

稽查重点：重点了解是否按照规定时限告知客户停电信息。

c. 停电信息通知客户环节的主要稽查关键点有哪些？

（a）检查营销系统停电事件查询模块客户通知情况。

a）计划停电是否提前 7 天通知到重要客户、大客户、专用变压器客户和大型居民住宅区等有关客户。

b）临时停电是否提前 24 小时通知到重要客户、大客户、专用变压器客户和大型居民住宅区等有关客户。

c）发送停电短信信息是否与实际停电时间、停电原因等内容一致。

d）应急错峰预案，供电公司营业人员是否在应急预案启动后 15 分钟内通知客户。

（b）检查停电通知纸质资料。

a）其他停电，是否在停电 3～7 天内，将停电通知书送达客户，对重要客户的停电，是否将停电通知书报送同级电力管理部门。

b）在实施欠费停电前，是否向欠费用户发出《欠费用户停止供电执行通知书》。

（c）其他停电，在停电前 30 分钟，是否将停电时间再次通知客户。

2）延时送电通知客户环节。

a. 什么是延时停、送电通知客户?

延时停、送电通知客户，是指当停电计划发生变更，或者不能按照原定计划停送电时，停电审批单位应及时将相关信息传递至停电通知单位或停电通知单位应在最短的时间内通知受影响的客户。

b. 延时停、送电通知客户应如何稽查?

稽查方法：审核调查法，审核资料为营销系统停电事件查询模块客户通知情况，计划停电变更、取消、延时复电情况等。

稽查重点：重点了解计划停电发生变更是否按照规定时限告知客户。

c. 延时送电通知客户环节的主要稽查点有哪些?

（a）检查营销系统停电事件查询模块计划停电变更、取消、延时复电情况。

计划停电的变更、取消、延时复电标志以及相关变更信息是否与实际停电情况相符。

（b）检查营销系统停电事件查询模块客户通知情况。

a）当停电计划发生变更，或者不能按照原定计划停送电时，停电审批单位是否及时将相关信息传递至停电通知单位或停电通知单位应在最短的时间内通知受影响的客户。

b）对停电计划变更、实际执行等信息，客户服务中心或供电分局是否及时通知涉及的重要客户、大客户、重点关注客户。

c）发生临时取消计划停电或计划停电延时停电的情况时，生产运行人员应是否分别提前 25 小时（因天气等客观原因除外）和计划复电前 3 小时通知客服人员。客服人员是否分别提前 24 小时和计划复电前 2 小时通知客户。

d）检查发送停电变更信息是否与系统停电变更信息一致。

（2）什么是预安排停电管理？包括哪些主要业务节点？

预安排停电管理，是指预先已做出安排，或在 24 小时前得到批准（或按供电合同要求的时间）并通知有关客户的停电。预安排停电包括计划停电和临时停电。计划停电，指有正式计划安排的停电，包括计划检修停电、计划施工停电、客户申请停电。临时停电，指事先无正式计划安排，但在 24 小时（或按供电合同要求的时间）以前按规定程序经过批准并通知主要客户的停电，包括临时检修停电、临时施工停电、客户临时申请停电。预安排停电管理的主要业务节点有一个：根据需求提出停电计划。

根据需求提出停电计划环节。

a. 什么是根据需求提出停电计划？

根据需求提出停电计划，是指根据计划检修、计划施工、客户申请等需求，提出编制的停电计划。预安排停电要统筹考虑、综合安排，减少重复停电次数。计划施工、检修停电至少提前 7 天制订计划，临时施工、检修停电至少提前 24 小时上报，未经审批同意不得对客户停电。

b. 根据需求提出停电计划应如何稽查？

稽查方法：审核调查法。审核资料：营销系统汇总测算指标及客户意见模块，配网生产系统综合停电管理模块，预安排停电申请、审批资料、预安排停电年计划、月计划、周计划、客户预协商纸质资料等。

稽查重点：重点了解停电计划制订情况，是否按照要求制订停电计划，对于重要客户、大客户是否进行“停电预协商”，年累计停电时间、次数是否存在超时、超次情况。

c. 根据需求提出停电计划环节的主要稽查关键点有哪些？

（a）检查营销系统汇总测算指标及客户意见模块，预安排停电申请、审批资料、预安排停电年计划、月计划、周计划、客户预协商纸质资料等。

a）设备停电申请部门或单位在停电申请前是否进行“先算后停”，分析对客户的影响，在停电协调会前提交客户服务中心或供电公司营业部。

b）供电公司与辖区内涉及停电的重要客户、大客户是否有进行“停电预协商”，并在停电协调会前将协商意见反馈客户服中心。

c）预安排的停电时间是否超过时限要求（每次停电时间安排原则上城镇客户不超过 8 小时，其他客户不超过 14 小时）。同一客户每年预安排停电次数是否超过 3 次。同一客户每年预安排总停电时间是否超过 24 小时。

（b）检查配网生产系统综合停电管理模块。

a）每月预安排停电的变更次数是否超过 2 次。

b）当预安排停电时间发生变更时，是否及时向电力调度控制中心申请。

（c）停电责任单位对于超过停电计划复电时间的施工工程，是否及时将施工情况和预计复电时间及时通知电力调度控制中心、客服中心及受影响客户所属的供电公司；供电公司是否及时向相关停电客户发送延时送电通知。

（3）什么是故障停电管理？包括哪些主要业务节点？

故障停电管理，是指供电系统因供电设备故障（不能继续使用）未能按规定程序提出申请并在 24 小时前（或按供电合同要求的时间）得到批准且通知客户的停电。故障停电包括内部故障停电和外部故障停电。内部故障停电，指属本企业管辖范围以内的电网或设施等故障引起的停电。外部故障停电，指属本企业管辖范围以外的电网或设施等故障引起的停电。故障停电管理的主要业务节点有两个：按时到达故障现场，通过转供电、故障隔离或故障修复等方式复电。

1）按时到达故障现场环节。

a. 什么是按时到达故障现场？

按时到达故障现场，是指抢修人员在规定的到达现场抢修时限内，到达故障现场的过程。

b. 按时到达故障现场应如何稽查？

稽查方法：审核调查法。审核资料：营销系统停电事件查询模块故障停电工单到达现场时间、实际停电时间、实际复电时间，营销系统停电事件查询模块故障停电通知情况等。

稽查重点：重点了解抢修人员到达故障现场时限、故障抢修时限，故障抢修是否按照“两个5分钟”要求及时传递停、送电信息。

c. 按时到达故障现场环节的主要稽查关键点有哪些？

(a) 检查营销系统停电事件查询模块故障停电工单到达现场时间、实际停电时间、实际复电时间。

a)“95598”服务热线24小时受理供电故障报修服务，工作人员是否在规定时限内到达现场抢修：自接到报修之时起，城区范围不超过45分钟，农村地区不超过90分钟，边远、交通不便地区不超过2小时。因天气、交通等特殊原因无法在规定时限内到达现场的，向客户做好解释工作。

b) 故障抢修恢复供电是否在规定时限内：自抢修人员到达现场，城市地区平均4小时，农村地区平均5小时。

(b) 检查营销系统停电事件查询模块故障停电通知情况。

故障停电是否按照“两个5分钟”要求传递停电信息：抢修人员现场确认故障信息后“5分钟”内传递初步故障原因、预判复电时间和停电设备等信息至客户服务中心，客户服务中心“5分钟”内向相关停电客户发送停电信息；故障修复，恢复客户供电后，抢修人员“5分钟”内将复电信息传递至客户服务中心，客户服务中心“5分钟”内向相关客户发送复电信息。

(c) 配网急修物资配送是否及时到位：城市（市区）2小时以内，农村（郊区）4小时以内，偏远山区6小时以内。

(d) 抢修人员到达现场并经判断确认故障设备属客户产权并由客户自行维护的，如客户在现场的，是否主动向客户做出说明，指导客户自行委托有关资质单位开展故障抢修；如客户不在现场的，是否通知客户服务中心联系相关客户并做出抢修指引。故障抢修恢复送电后，客户服务中心是否及时通知相关客户。

2) 通过转供电、故障隔离或故障修复等方式复电环节。

a. 什么是通过转供电、故障隔离或故障修复等方式复电？

通过转供电、故障隔离或故障修复等方式复电，是指对于重大故障、重大施工停电不能在12小时内恢复送电的，要尽可能通过发电车、临时转电等措施保证居民和重要客户的用电。

b. 通过转供电、故障隔离或故障修复等方式复电应如何稽查？

稽查方法：询问访谈法，访谈对象为故障抢修管理人员；审核调查法，审核资料为营销系统停电事件查询模块停电事件明细。

稽查重点：重点了解故障影响时间长、停电范围大的停电事件是否通过转供电、故障隔离或故障修复等方式恢复客户供电。

c. 通过转供电、故障隔离或故障修复等方式复电环节的主要稽查关键点有哪些？

（a）检查营销系统停电事件查询模块停电事件明细。

a）故障停电时间是否存在超过城市地区平均 4 小时、农村地区平均 5 小时的故障停电事件。

b）故障停电时间超过 12 小时及以上的是否有启动应急发电车标志。

（b）询问故障抢修管理人员故障抢修情况。

a）因供电设施发生故障而导致客户停电的，询问是否及时隔离故障，优化调整运行方式，减少故障影响，并及时查找故障原因，组织修复，一般故障要求抢修不超过 12 小时。

b）故障设备属客户资产，询问急修人员是否将故障设备与电网隔离，恢复非故障段客户供电。

c）对于重大故障、重大施工停电不能在 12 小时内恢复送电的，询问是否通过发电车、临时转电等措施保证居民和重要客户的用电。

（4）什么是限电停电管理？包括哪些主要业务节点？

限电停电管理，是指在电力系统计划的运行方式下，根据电力的供求关系，对于求大于供的部分进行限量供应。限电停电包括电源性限电、网络型限电。电源性限电，指因电力系统电源容量不足而对客户实施的限电。网络型限电，指由于供电系统本身设备容量不足，或供电系统异常，不能完成预定的供电计划而对客户实施的限电。限电停电管理的主要业务节点有两个：制订有序用电计划方案、通知相关客户。

1）制订有序用电计划表环节。

a. 什么是制订有序用电计划方案？

制订有序用电计划表，是指按照保障用电原则、限制用电原则、逐级细化原则、优先原则等原则要求制订的用电计划方案。

b. 制订有序用电计划方案应如何稽查？

稽查方法：审核调查法。审核资料：当地政府发文的有序用电方案、错峰客户台账、政府部门签收有序用电计划记录等。

稽查重点：是否按照实际编制次年有序用电方案，有序用电方案是否由当地政府发文。

c. 制订有序用电计划表环节的主要稽查关键点有哪些？

检查有序用电方案、错峰用户台账、政府部门签收有序用电计划记录等材料，检查有序用电方案是否按照要求制订（包括保障用电原则、限制用电原则、逐级细化原则、优先原则等原则）；有序用电方案是否经政府职能部门审批；是否建立有序用电客户台账并动态更新。

2）通知相关客户环节。

a. 什么是通知相关客户？

通知相关客户，是指对错峰轮休计划、应急错峰预案等启动后，营业部应该按照规定的时限提前通知相关客户的过程。

b. 通知相关客户应如何稽查？

稽查方法：审核调查法。审核资料：《有序用电通知书》及其客户签收纸质材料等。

稽查重点：重点了解有序用电、限电停电是否按照时限通知客户。

c. 通知相关客户环节的主要稽查关键点有哪些？

(a) 检查《有序用电通知书》及其客户签收纸质材料等。

a）对于错峰轮休计划，供电公司是否提前 7 天公告并通知客户，并派发《有序用电通知书》，客户是否签收《有序用电通知书》，通知到户率是否达 100%。

b）是否按要求对错峰用电客户至少提前一天通知。

c）对错峰客户的通知内容是否正确。

(b) 对于错峰限电，是否在每日 16：30 分前通知客户次日有序用电安排，特殊情况不超过 17：00。

(5) 什么是其他停电管理？包括哪些主要业务节点？

其他停电管理，是指除预安排停电、故障停电、限电停电以外，其他原因导致的对客户的停电行为。包括：用电客户因违法用电、逾期未交付电费等违反法律法规的情况，供电企业依法采取的停电；因市政建设需要配合停电的，由政府部门出具正式函件，供电企业按国家规定的程序停止供电；其他原因引起的停电。其他停电管理的主要业务节点有两个：执行停电前通知客户、进行复电并回填系统。

1）执行停电前通知客户环节。

a. 什么是执行停电前通知客户？

执行停电前通知客户，是指对其他原因导致的对客户的停电行为，在执行前按规定时限将停电通知书送达客户的过程。

b. 执行停电前通知客户应如何稽查？

稽查方法：审核调查法。审核资料：营销系统催收管理模块一级催收、二级催收、三级催收情况，停电事件查询模块其他停电录入情况，欠费停电通知书纸质材料等。

稽查重点：执行停电前是否对客户进行催收，并向客户派发停电通知。

c. 执行停电前通知客户环节的主要稽查关键点有哪些？

（a）检查营销系统催收管理模块一级催收、二级催收、三级催收情况。

客户逾期未交付电费的，供电企业可依据相关法律或《供用电合同》约定对客户实施停电催费。

（b）检查欠费停电通知书纸质材料。

a）在实施欠费停电前，是否向欠费用户发出《欠费用户停止供电执行通知书》。

b）其他停电，是否在停电 3～7 天内，将停电通知书送达客户，对重要客户的停电，是否将停电通知书报送同级电力管理部门。

c）其他停电，在停电前 30 分钟是否将停电时间再次通知客户。

（c）检查营销系统停电事件查询模块其他停电录入情况。

a）其他停电事件是否录入营销系统。

b）营销系统其他停电事件是否与实际停、复电情况一致。

2）进行复电并回填系统环节。

a. 什么是进行复电并回填系统？

进行复电并回填系统，是指客户缴清欠费后，在当日完成复电工作并更新系统的过程。客户缴清欠费后，应在当日完成复电工作，对不能当日复电的应主动向客户做出说明。

b. 进行复电并回填系统应如何稽查？

稽查方法：审核调查法。审核资料：营销系统客服工单查询模块相关欠费停电诉求、停电事件查询模块欠费停电工单等。

稽查重点：重点了解客户缴清欠费后是否当日进行复电、欠费复电后是否通知客户复电信息。

c. 进行复电并回填系统环节的主要稽查关键点有哪些？

（a）检查营销系统客服工单查询模块相关欠费停电诉求。

a）欠费停电的客户缴清电费后，供电企业是否在当日复电，对不能当日复电的，是否主动向客户做出说明。

b）检查诉求工单是否存在客户缴清欠费后，未当日完成复电的诉求。

（b）检查营销系统停电事件查询模块欠费停电工单。

供电企业工作人员完成欠费复电后，是否在营销系统更新相关停电信息。

（c）欠费复电后，是否通过短信等方式告知客户复电情况。

（6）什么是客户停电时间统计？包括哪些主要业务节点？

客户停电时间统计，是指对客户停电时间的记录和统计情况进行稽查。客户停电统计对象是供电企业直抄到户、计量收费的终端客户。在低压客户停电统计工作开展之前，以10kV供电系统中的配电变压器作为一个统计单位，即一台配电变压器作为一个终端客户。如同一客户在同一用电点拥有多处电源时，将多处电源作为一个客户统计，只有因线路停运而降低用户供电容量时，才计入停电统计范围，停电时间按等效停电时间计算。供电企业应充分利用现有涉及客户停电的可靠性、综合停电、调度等系统，作为客户停电统计分析的来源，并将客户停电情况纳入营销系统进行管理，对每个客户建立分类停电记录档案。必要时，可建立单独的客户停电管理系统。客户停电时间统计的主要业务节点有一个：客户停电时间统计。

1）客户停电时间统计环节。

a. 什么是客户停电时间统计？

客户停电时间统计，是指对客户停电停送电时间进行记录和统计的过程。其中，预安排停电所影响客户的统计分析结果应与设备停电记录的数据一致；故障停电所影响客户的统计分析结果应与设备故障停电记录的数据一致；限电停电所影响客户的统计分析结果应与调度限电停电记录、客户自觉错峰记录的数据一致；其他停电所影响客户的统计分析结果应与客户欠费停电记录、客户用电检查停电记录的数据一致。

b. 客户停电时间统计应如何稽查?

稽查方法：审核调查法。审核资料：营销系统报表统计模块客户停电时间主要指标汇总表、客户停电按停电性质分类统计表，营销系统停电事件查询模块停电事件中停电记录，计量自动化系统停电事件模块停电记录，配网生产系统综合停电管理模块停电记录等。

稽查重点：重点了解停电事件是否与实际一致、是否做好客户停电时间统计等。

c. 客户停电时间统计环节的主要稽查关键点有哪些?

（a）检查营销系统停电事件查询模块停电事件中停电记录。

a）停送电记录内容是否规范、完整。

b）停送电原始资料保存是否完好完整；停电设备、停电性质、停电起止时间是否准确；停电事件、停电时间记录统计是否完整、准确；停电事件统计、分类是否正确。

（b）检查营销系统、配网生产系统、计量自动化系统停电事件匹配情况。

营销系统停电事件记录与配网生产系统停电事件记录、计量自动化系统停电事件记录是否一致。

（c）检查营销系统报表统计。

a）是否每月在营销系统中进行客户停电时间报表统计，包括但不限于：客户停电时间主要指标汇总表、客户停电按停电性质分类统计表等。

b）是否定期编制客户停电管理分析报表，客户停电管理分析报表应齐全。

c）是否及时、完整、准确地采集各类停电事件，分析客户所受的影响。